무례한 사람을 다루는 법

무례한
사람을

유연하게 대처하고
단호하게 거절하는
소통 심리학

이헌주 지음

다루는 법

오늘의링북스

권수영

연세대학교 교수, 《관계에도 거리두기가 필요합니다》 저자

❖

행복한 인생을 위해서는 건강한 관계를 맺는 일만큼 중요한 것은 없
다. 하지만 이 일만큼 우리를 힘들게 하는 게 없는 것도 사실이다. 관
계 맺는 일을 잘하는 데 엄청난 이론이 필요한 것은 아니리라. 하지만
오랜 경험을 통해 얻는 실천적 지혜가 필요하다. 그런 의미에서 나는
이 일을 제일 잘할 수 있는 전문가 중 하나가 상담자라고 주장한다.

연세대학교 연구교수로, 상담심리 전문가로 수없이 많은 내담자
를 만나면서 임상 경험을 쌓아온 이헌주 박사는 내가 아는 마음 건강
종사자 중 건강한 관계 맺기를 알려줄 수 있는 최고 전문가다. 또한
그의 강연과 글은 쉽고 간결하면서도 우리가 궁금해하는 인간관계
에 대한 꼭 맞는 지혜를 제공한다. 그의 저서 《무례한 사람을 다루는
법》은 인간관계를 하는 사람이라면 반드시 알아야 할 점들을 매우 쉽
게 쓴 책이다. 인간관계를 처음부터 잘 아는 사람은 없다. 인간관계
는 원래 배우는 것이다. 그리고 이 책이 바로 그 배움을 준다.

이 책에서 친절하게 제시하는 일상적인 사례를 읽다 보면 바로 우
리 모두의 가정과 직장 이야기를 하는 듯 빠져든다. 그리고 은은하고
따뜻한 위로까지 받는다. 독자는 이 책을 읽으면서 바로 즉석에서 자

신의 묵은 고민을 털어놓고 관계의 실타래를 풀어내는 마력을 경험하게 될 것이다.

저자는 독자가 무조건 자신 탓 혹은 남 탓을 하기 전에 자신을 제일 먼저 깊이 돌보게 만든다. 그러고 나서 독자를 타인의 심리 세계로 이끈다. 마치 심리상담 전문 과정에 입문한 수련생이 자기 자신을 먼저 깊이 분석하는 수련 여정을 일반 독자와 함께하는 모습처럼 보인다. 나는 저자의 풍부한 일상적인 사례와 해법이 어떤 독자든 심도 있는 여정을 너무나도 순탄하게 마칠 수 있게 할 것으로 확신한다.

이 책은 본질에서 기술이나 방법만 이야기하지 않는다. 그보다는 성찰에 무게를 더 두고 있다. 읽다 보면 직접 상담을 받는 느낌이 들 것이다. 실제 상담도 '어떻게 하라'는 솔루션보다 자기 이해와 타인 이해가 먼저다. 자신을 보듬으며 내면을 들여다보는 과정이 있고 나서 유독 나를 힘들게 하는 여러 군상을 아주 세부적이고 깊이 들여다본다. 나아가 주위에 가득한 어렵고 불편한 관계에서 어떻게 현명하게 대처해야 하는지를 다룬다.

이 책의 〈프롤로그〉는 지아의 사례로 시작한다. 우리는 지아의 상황에 대해 어떻게 하면 좋을지를 생각하게 된다. 그리고 〈에필로그〉에 지아의 사례가 다시 이어진다. 이 책을 통해 인간관계에 대해 많이 배우고 생각하게 된 독자는 비로소 지아가 그동안 왜 자기 목소리를 내지 못했는지를 깨달을 것이다. 서서히 지아가 목소리를 내는 과정을 읽으면서 응원도 하고, 독자 자신에게 사례를 대입하여 스스로를 돌아보는 귀중한 시간을 갖게 될 것이다.

인간관계는 숙고와 이해의 측면이 훨씬 큰 법이다. 그러므로 자기 이해와 타인 이해가 형성되었을 때, 인간관계에 대한 여러 구체적인 기술과 방법이 빛을 발휘한다. 이 책의 3장에는 저자가 셀 수 없이 많은 내담자와 함께하면서 집대성한 인간관계 안에서 유연하고 현명하게 대처하는 비기가 가득하다.

인간관계는 좋게 하려면 어떻게 해야 한다는 식의 말들은 많다. 그러나 좋은 관계를 맺는 동시에 어려운 관계와 여러 상황에 적절히 대처하는, 유연한 태도를 배울 방법이 있다면 더할 나위 없을 것이다. 이 책은 이런 난제를 아주 쉽고 재미있는 은유로 풀어내는 동시에 여러 상황에 바로 적용하는 방법을 제시한다.

얽히고설킨 인간관계에 환멸을 느끼기 시작한 '권태족'과 깊은 관계 자체를 꺼리는 사람에게 강력하게 《무례한 사람을 다루는 법》의 일독을 권하고 싶다. 뿐만 아니라 마음 건강 분야 종사자에게도 추천한다. 많은 내담자가 관계 때문에 억울해하고 화를 내고 심지어 우울해한다. 가장 깊은 고민을 들어보면 죄다 인간에 대한 상처로 가득하다. 그들은 고민에 빠진 심각한 표정으로 "어떻게 하면 좋을까요?"라고 묻곤 한다. 이처럼 자신과 타인 사이 관계의 문제를 안고 찾아온 내담자와 함께 문제 해결을 위해 매일같이 분투하는 전문가에게도 이 책은 관계와 소통에 대한 더없이 좋은 참고서가 될 것이다.

추천사

최설민

유튜브 채널 '놀면서 배우는 심리학' PD

❖

"왜 하필이면 저런 사람이 내 곁에 있을까?" 초등학생 시절 담임선생님이 너무 무섭고 힘들어서 들었던 생각이다. 그리고 이런 생각은 중학교, 고등학교를 지나 군대를 넘어 지금까지도 종종 한다.

삶은 마치 초원과 같아서, 우리 곁에는 양의 탈을 쓴 늑대들이 곳곳에 숨어 있다. 그렇기에 당신은 필연적으로 불편한 사람을 만날 수밖에 없다. 그 사람은 가족일 수도 있고, 직장 상사일 수도 있다.

내가 이 책을 추천하는 이유는 간단하다. 이 책에서 당신은 인간관계에서 평생 자신을 보호해줄 강력한 무기를 얻게 될 것이다. 양의 탈을 쓴 늑대 같은 사람을 판별하는 안목을 기르는 동시에, 때로는 단호하게 때로는 부드럽게 그들을 상대하는 법을 배울 것이다. 그리하여, 지금 겪는 인간관계의 문제에서 당신은 해방될 것이다.

아이러니하게도 인간의 행복과 불행은 모두 인간관계에서 나온다. 내가 초등학교 시절 가장 두려웠던 것은 선생님과의 '관계'였지만 가장 좋아했던 것도 친구들과의 '관계'였다. 나는 당신이 이 책을 통해 인간관계에서 행복을 만끽할 수 있었으면 좋겠다.

인간관계가
그 무엇보다 어려운
이들에게

당신이 어떤 사람과 인간관계를 시작하면서 모든 것이 좋을 거라 생각한다면 그것은 환상에 가깝다. 물론 스쳐 지나가는 사람이라면 실제 그럴 수도 있다. 그러나 보통은 인간관계가 점차 깊어지기 마련이고 관계의 역학은 갈수록 복잡해진다. 인간관계가 깊어지면 좋은 점도 있지만 갈등도 생긴다. 심지어 문제가 지속적으로 나타나는 관계마저 있다.

만일 당신이 어떤 인간관계에서 갈등과 문제를 참기 힘든 상황에 있다면 다음 세 가지 중 하나일 가능성이 크다.

첫째, 유독 서로가 안 맞는 경우다. 이런 경우는 사회적 관계나 친구 관계에서만 있지 않다. 연인, 부부, 부모와 자식, 형제자매 같은 아주 가까운 사이에서도 물과 기름처럼 잘 어울리지 않는 사람들이 있다. 예를 들어 격렬하게 자주 싸우는 연인이 있다. 그런데 둘 다 원만한 성격이라 각각이 다른 사람과는 잘 지낸다. 즉, 서로하고만 안 맞는 것이다. 서로가 서로의 그림자*만 보기 때문이다.

둘째, 상대에게 문제가 있는 경우다. 세상에는 성격상 문제가 있는 사람이 있다. 그리고 다른 이를 좋지 않은 의도로 대하는 사람도 있다. 또한 무리한 부탁을 계속하거나, 집착하거나, 매우 까칠하게 인간관계를 맺는 사람도 있다. 이런 경우, 인간관계를 유지할수록 당신은 상처를 받거나 손해를 입기 쉽다.

셋째, 당신의 성격이나 인간관계 방식에 문제가 있는 경우다. 인간관계를 위해 나름대로 최선을 다해도 자신도 모르게 누군가에게 상처를 준다. 그러다 문득 사람들이 이상하게 나를 멀리하고 거절하는 느낌을 받는다. 사태가 심각해지면 사람들이 연락을 잘 받지 않거나 핑계를 대며 관계를 피할 수도 있다. 이런 경우, 감정을 숨길 필요가 없는 가까운 사이에서 유독 부딪치게 된다.

때로 이 세 가지는 복합적으로 나타난다. 인간관계를 맺은 두 사람이 유난히 잘 맞지 않다면, 양쪽 모두 성격에 모난 점이 있다면 갈등은 훨씬 더 커진다.

* 개인이 가지고 있는 어두운 부분으로서 열등한 측면을 의미하기도 한다. 우리가 보통 가지고 있는 자아와 그림자는 빛과 그림자와 같으며, 남에게 '잘 보여지는 부분'이 자아에 속한다면, 이면에 '잘 보이지 않는 부분', '숨기고 싶은 부분'은 그림자와 연관된다.

이 책의 사용 설명서

우리 관계에서 문제는 그 사람이라니까요

상담심리사인 나는 상담실에서 내담자*의 이야기를 오랫동안 들어오면서 인간사의 가장 큰 고통이 인간관계임을 깨달았다. 많은 내담자가 문제의 원인을 이렇게 말한다.

"서로가 안 맞아요."
"상대가 특히 문제가 많아서 그래요."

신기하게도 자신이 문제라고 하는 일은 거의 없다. 실제로는 누군가에게 상처를 주고 있는 사람마저 문제의 원인을 되려 타인에게 돌린다. 물론 '잘못이 내게 있지 않다'고 여기는 것은 자신을 지키는 방법 중 하나다. 그런데 이런 태도가 너무 지나치면 스스로 변화하려는 동기가 없거나 오로지 상대방만 문제로 보는 상태이기에 아무리 전문가라 해도 상담을 진행하기 어려울 수 있다.

---

*   상담실에 찾아와 자신의 어려움을 말하는 사람.

내가 바로 문제의 원인이에요

인간관계를 잘하려면 '서로가 안 맞는 경우', '상대에게 문제가 있는 경우', '자신에게 문제가 있는 경우'라는 세 가지 축이 당신의 인간관계 안에서 균형 있게 작동하게 해야 한다. 그런데 이 축이 한쪽으로 확 기울어진 사람도 있다. 바로 인간관계 문제의 원인을 자신에게 두는 경우다. 더 놀라운 것은 실제로는 본인에게 별로 잘못이 없는데도 그렇게 생각한다는 점이다.

이 사례에 속하는 사람들은 혹시라도 남을 상처 입혔을지 모른다며 죄책감을 느낀다. 하지만 내가 만나본 결과, 현실은 반대였다. 그들이야말로 타인으로부터 피해와 손해를 많이 입었다. 더구나 남의 일을 떠맡기까지 하면서 좋지 않은 피드백을 받았다. 거절은 누구에게나 거북스럽지만 특히나 그들은 거절 자체를 굉장히 두려워한다.

인간관계에서는 부탁과 제안이 많이 일어난다. 거절이 쉽지 않다고 계속 부탁과 제안을 받아들이면 삶이 어떻게 될까?

이렇듯 부당한 일을 겪으면서도, 상처를 받으면서도, 계속 짐을 지면서도, 할 말을 하지 못하면서 '괜찮다'고 하는 사람들이 있다. 알수 없는 죄책감이 발동하여 입을 막는 것이다. 그러나 오랫동안 이런

이 책의 사용 설명서

순간이 반복되어 손해와 상처가 누적되면 죄책감의 이면에 깊은 울화마저 쌓인다.

나는 여러 문제를 겪던 50대 부부를 만난 적이 있다. 문제 대부분은 남편이 일으키고 있었다. 여자 문제, 돈 문제가 연달아 벌어졌으나 그들의 가정은 아내의 헌신적인 노력 덕분에 유지되고 있었다. 그런데도 남편은 잘못을 전혀 인정하지 않았다. "저는 잘못 없어요. 우리 집 모든 문제는 이 사람 탓입니다!"

남편의 허술한 논리에 과연 아내가 어떻게 대처했을까? 적반하장으로 비난하는 남편의 말을 듣는 아내의 태도가 놀라웠다. 아내는 그 이야기를 들으며 줄곧 고개를 끄덕였다. 아내는 남편의 비난을 순순히 인정했다. "맞아요, 선생님. 제가 부족해서 다 그렇게 됐어요." 아내는 남편의 문제 행동마저 떠안았다.

내가 물었다. "아내분, 건강은 괜찮으세요?" 아내가 대답했다. "몸은 건강한 편이에요. 자주 속이 답답하고 소화가 안 되긴 하지만요…." 내가 보기에는 아내의 마음에는 뿌리 깊은 억울함이 숨어 있었다. 그녀는 무언가를 참고 억누르는 중이었다.

상담심리사인 내가 이 책을 쓴 이유

나는 인간관계에서 지속적으로 손해와 피해를 겪으면서도 관계를 고려하느라 문제의 원인을 자신에게서 찾는 사람을 위해 이 책을 썼다. 바로 앞서 소개한 착한 아내와 같은 사람 말이다. 이런 유의 사람은 정도가 심하면 자기주장조차 제대로 못 한 채 타인의 비난을 곧이곧대로 믿고 마는데, 이른바 '착한 아이 콤플렉스'에 빠져 있다고 할 수 있다. 이에 대해서는 1장에서 자세히 다룰 것이며, 당신이 스스로 본인의 상태를 확인하도록 테스트도 제공할 것이다.

무엇보다 이 책은 당신이 건강하지 않은 인간관계를 맺었을 때 좀 더 자기주장을 하고 상대에게 단호하게 대처하여 상황을 개선하는 데 든든한 길잡이가 될 것이다. 이를 토대로 보다 좋은 사람들과 다정한 관계를 맺으며 살아가기를 바란다.

3장에 구체적인 해결 방법을 제시했지만 결코 단편적이거나 임시방편에 불과한 팁이 아니다. 물론 즉시 써먹을 수 있는 팁 또한 때로 인간관계에서 유용하기는 하나 인간관계라는 복잡한 매트릭스를 관통하기에는 한계가 있을 수밖에 없다. 삶과 그 삶에서 마주치는 인간관계는 너무나 방대하기에 깊은 역학을 살펴보는 것이 더욱 중요하다. 자신을 보는 눈과 상대를 보는 눈을 키우는 것도 중요하다.

나는 누구나 쉽게 이 책의 내용에 다가가도록 학술 용어를 최대한 배제하고 심리 작용을 설명했으며, 이와 함께 생생한 사례를 풍부하게 실었다. 가정, 학교, 회사, 사회 모임 등을 배경으로 인간관계에서 어려움을 겪은 실제 이야기들이다. 뿐만 아니라 모두에게 친숙한 문학, 영화 등에 등장한 인간관계의 방식도 다양하게 소개했다. 이처럼 여러 예시는 당신이 인간관계의 역학을 가까이, 그리고 멀리 살펴보면서 자신과 상대를 이해하는 눈을 갖추게 할 것이다.

이 책은 이렇게 활용하면 좋다

이 책은 다음처럼 크게 3장으로 구성되어 있다.

- 1장: '자기 이해' 편이다. 인간관계에서 착하기만 했던 당신 자신의 내면을 이해해본다.
- 2장: '타인 이해' 편이다. 유독 당신을 힘들게 했던 인간관계의 상대를 살펴본다.

- 3장: '실천' 편이다. 앞 장들에서 배운 것을 바탕으로 인간관계에 유연하게 대처하고 단호하게 스스로를 지키는 방법을 다룬다.

1장에서는 인간관계 안에서 그토록 큰 피해를 겪으면서도 자기 주장을 못 해왔던 당신의 내면을 탐색한다. 이 장을 읽으면서 당신은 자신이 겪는 인간관계 문제의 많은 부분이 본인 잘못이 아니었음을 깨닫게 될 것이다. 이런 통찰은 스스로를 있는 그대로 보게 한다. 그리고 자신을 부정적으로 바라보는 사람에게는 좀 더 균형적인 관점을 갖게 해준다. 모든 것이 자기 잘못이라고 생각하면 괴롭고 답답하다. 그만큼 그 잘못이 자신에게 있지 않다는 사실을 깨달을 때 자유로움을 경험할 것이다.

2장에서는 인간관계의 삼라만상 가운데 그동안 당신이 유난히 불편해했던 관계를 살펴본다. 이렇게 함으로써 인간관계에 대한 시각을 넓힐 수 있을 것이다. 여기에서는 보편적으로 가장 힘든 인간관계 유형 네 가지, 즉 '얼음형', '집착형', '나르시시스트', '소시오패스'를 다룬다. 각각의 구체적인 특징과 관계의 역학이 어떻게 형성되는지를 자세히 짚어본다.

이 책의 사용 설명서

인생의 괴로움 중 상당 부분이 인간관계 탓이라면, 그리고 당신이 유독 어떤 유형과 문제가 있다면 어느 정도의 거리를 두는 것이 현명하다. 혹시 상대에게 뚜렷한 문제가 있지 않다고 해도 최소한 당신과는 맞지 않을 수 있다. 이 같은 판단을 내리기 위해서는 일상의 관계를 돌이켜보고 현명한 관계의 망을 구축해야 한다.

3장에는 다양한 상황에서 유연하고 단호하게 자신을 지키는 실제적인 대응 전략과 대화가 수록되어 있다. 당신은 상처를 스스로 보듬고 단단한 마음으로 여러 인간관계에 대응하는 방식을 배우게 될 것이다. 실제로 내 상담실을 찾았던 많은 내담자와 함께 연습하고 생활에서 활용하며 효과를 거두었던 대처법의 결정체다. 이 중에 잘 맞는 방법이 있다면 각자의 상황에 맞게 연습해서 자신을 적절히 지킬 수 있기를 바란다.

세 가지 장은 순서대로 읽는 것이 흐름상 자연스러우나 순서를 바꾸어 읽어도 무방하다. 그리고 이 책에는 인간관계에서 단호하게 대처하는 기술이 담겨 있지만 다른 사람들을 향한 비판적이고 공격적인 자세나 태도를 목적으로 쓰여지지 않았음을 분명히 밝힌다. 무엇보다 자신을 적절히 지키고 단단한 마음과 유연한 자세로 좋은 인간관계를 형성하는 데 초점을 두었다는 점을 기억하기 바란다.

당신의 건강한 인간관계를 응원하며

한번 곰곰이 생각해보자. 당신은 사람들에게 다정한 편인가, 단호한 편인가?

나부터 이 질문에 답해보면 사실 나는 다정한 편에 속한다. 그래서 이 책을 쓸 때 개인적으로 잘 아는 이들이 농담을 던졌다. 다정한 사람이 단호한 것을 논하는 책을 쓰다니 아이러니하다면서 말이다.

그러나 나는 그 말에 동의하지 않는다. 오히려 내가 단호하지 않은 사람이기에 이 주제를 논할 수 있다. 더군다나 오랫동안 고민해왔던 주제다. 상담학자이자 상담심리사로 공부하고 훈련받는 과정에는 오랜 자기 성찰과 수련의 시간이 있었다. 그리고 전문가가 되기까지 상담을 장기적으로 받게 되어 있는데, 이 개인 분석의 시간은 자신을 깊게 보는 눈과 상대를 돕는 데 필요한 근력을 키워준다. 상담심리사라고 해서 모든 인간관계 문제에서 자유로운 것은 아니다. 같은 고민을 수천 번 했기에 상대의 깊은 상처와 고통의 골짜기를 이해할 수 있는 것이다.

다른 사람에게 단호한 태도를 취하면 안 좋은 반응이 돌아오지 않을까 고민하는 사람에게 나는 이렇게 말하고 싶다. "지나치게 걱정하지 않아도 돼요." 그동안 자기주장을 못 했던 사람이 정말로 완벽하게 바뀌어 지나치게 까칠한 사람이 될 수 있을까? 그렇지는 않다.

나는 그저 지금까지와 달리, 단호한 방향으로 추를 조금만 더 이동시켜보자는 것이다. 그렇게 해서 균형을 맞추자는 것이다. 이른바 '다정함'과 '단호함'의 균형 말이다. 결론적으로 말하자면 당신은 지금보다 조금 더 단호해도 된다! 이 책을 손에 든 당신은 지금까지 남들에게 지나치게 다정했을 가능성이 높다. 그러므로 이 책을 통해 단호함을 배웠다 해도 여전히 다정할 것이다. 나아가 다정함과 단호함을 균형 있게 갖추었기에 더욱 빛날 것이다.

당신의 삶을 응원한다. 스스로를 잘 지킬 단단한 마음을 갖추는 동시에 더 건강한 인간관계를 맺기 바란다.

CONTENTS

 자기 이해
착하기만 했던 나의 내면을 이해하다

착하고 다정한 그녀는
왜 무례한 사람에게 당할까?

30대 여성인 지아는 직장 내 인간관계 문제로 나를 찾아왔다. 그녀는 2년 먼저 입사한 박고은 선임이 자신에게 무리한 부탁을 하고 무례하게 대하는 데다가 미묘하게 무시하는 느낌이 든다고 했다. 이를 토대로 지아의 대인관계 패턴을 살펴보니 부당한 패턴이 계속 있었다. 초등학교 때부터 중학교, 고등학교, 대학교를 거쳐 직장에 이르기까지 비슷한 대인관계 문제가 반복되고 있었다. 가장 큰 문제는 그녀 스스로가 남들이 정말 무시하는 것인지, 아니면 그녀가 잘 못하는 것을 제대로 알려주는 것인지, 혹은 짓궂은 농담을 하는 것인지를 정확히 판단하지 못하는 데 있었다.

상담 중 지아는 고등학교 시절을 떠올렸다. 고등학교 2학년 때 은

행나무가 무성한 한 거리에서 친구 민지가 다른 친구들 앞에서 이상한 소리를 했다.

> "그러니까, 지아는 약간 말투가 촌스럽지 않아?"
> "지아야, 넌 가만 보면 참 웃겨. 코미디야."

이 에피소드를 듣고 나서 나는 지아에게 그 말이 어떻게 들렸는지 물었다. 사실 나는 그녀가 곧바로 "지나치게 부당하다고 느꼈어요"라고 대답할 줄 알았다. 그러나 의외로 한참을 생각하던 그녀는 "그 말이 친밀감의 표현일 수도 있지 않나요?"라고 했다. 민지의 말은 누가 봐도 무례했기에 그녀의 반응은 뜻밖이었다.

이어서 "친한 사이니까 그 말은 농담이나 장난이었겠죠?" 하고 그녀는 반문했다. "민지와는 얼마나 친했나요?" 내가 물었다. 그랬더니 그녀는 이렇게 대꾸했다. "선생님 말씀을 들으니 기분이 묘하네요." 그녀와 민지는 스스럼 없이 농담을 건넬 만큼 친한 사이가 아니었기 때문이다.

화내고 따지는 대신, 좋은 사람이 될래요

나는 지아의 이야기를 더 들어보았다. 그러고 보니 학창 시절 내내 이와 비슷한 일이 반복되었다고 했다.

한번은 여러 친구와 함께 모여 대화를 나누었다. 학업에 관한 이야기가 공부를 못하는 사람에 관한 이야기로 이어졌다. 그러다가 갑자기 민지가 지아에게 한마디를 툭 던졌다.

> 민지: "지아야, 너도 공부는 1등이잖아. 뒤에서." (웃음)
> 지아: "내가 무슨 뒤에서 1등이야?"

지아는 마치 항변하듯 자기가 반에서 중상위권이라고 말하려 했다. 그때 민지가 말을 가로막았다.

> "알았어. 왜 이렇게 예민하게 구니? 그냥 농담이야. 근데 너 우리 중에선 1등 맞잖아. 뒤에서." (웃음)

민지가 웃자 같이 있던 나머지 친구들도 웃었다. 순간 지아의 가슴속에서 화가 불쑥 올라왔다. 반박하고 싶었다. 그러나 속으로 친구들과 자신의 성적을 비교하니 맞는 소리였다. 하필 죄다 자신보다 공부를 잘하는 친구들이었다.

갑자기 주눅이 들면서 비난하는 메아리가 속에서 울렸다. "그러니까 공부 좀 하라니까." "도대체 누구 닮아서 성적이 그 모양이니?"

나는 지아에게 어린 시절부터 지금까지 들어왔던 비난의 메아리를 하나씩 떠올려보라고 했다.

"너는 참 특이한 구석이 있어."

"넌 잘하는 게 뭐냐?"

(다른 친구를 보면서) "너, 얘랑 안 친하지?"

"넌 헤어스타일이 참 독특해."

당신은 이 말들이 어떻게 들리는가? 비난이자 무시하는 메시지임이 분명하지 않은가?

하지만 지아는 "이 메시지를 마냥 나쁘게 받아들이기에는 애매해요"라고 이야기했다. 내가 관찰했을 때 그녀는 말로는 부인했지만 격앙된 모습을 보였다. 그러나 현실에서 지아가 속에 있는 분노를 표현하는 것은 불가능했다. 속내를 입 밖으로 꺼내면 금방 사그라들기 일쑤였다. 마치 무언가가 억누르는 것 같았다.

지아는 관계 중심적인 사람이었다. 어떻게든 다른 사람들을 좋게 생각해보려고 애썼다. 더 호의적으로 받아들이려고 노력했다. 자신이 게을러서, 내성적이어서, 잘하는 게 없어서 그렇다며 오히려 다른 사람들의 편을 들었다. 도대체 무엇이 그녀의 화를 막는 것일까?

언제 어디서나 되풀이되는 인간관계 문제가 있다

비슷한 비난의 메아리는 시간이 한참 지난 뒤에도 반복 재생되었다. 학창 시절 그녀는 장차 성인이 되면 눈치 보지 않고 어엿하게 경제활동을 하는 떳떳하고 당당한 사람이 되고 싶었다. 하지만 직장 생활은 예상과 달리 눈치를 보는 나날의 연속이었다.

직장 상사인 박 선임은 지아에게 계속해서 무례하게 굴었다. 박 선임은 지아와 동갑내기지만 2년 먼저 입사했다. 누가 봐도 명백하게 박 선임은 무례한 태도로 일관했으나 지아는 아무 말도 할 수 없었다. 무례한 말을 하거나 무시하고 난 뒤 박 선임은 지아에게 밥도 사주고 커피도 사주었는데, 그러면서 한마디를 덧붙이곤 했다.

"다 지아 씨 잘되라고 하는 말인 거 알죠?"

어린 시절부터 부모님, 선생님, 친구들로부터 수없이 들었던 말이었다. 그러면서 박 선임은 "경쟁적인 우리 조직에서 지아 씨를 생각해주는 사람은 나밖에 없을 것"이라고 했다. 지아는 생각했다. '박 선임 말이 사실이라면 이 사람에게 화를 냈다가는 난 완전히 혼자가 될 거야.'

문제는 또 있었다. 박 선임이 지아의 보고서를 자기가 쓴 것처럼 위에 보고한다는 것이었다. 애초에 지아가 박 선임에게 제출했을 때 혹독하게 비난받았던 보고서였다. 박 선임은 지아가 보고서 쓰는 법을 잘 모른다며 자기가 다듬어서 제출하겠다고 했다. 그러나 나중에 최종 보고서를 보면 거의 달라지지 않았다.

박 선임은 문자를 잘 보냈다. 내용의 핵심은 '이것 좀 해줄 수 있어요?'였다. 지아는 박 선임의 업무를 대신했고 박 선임은 지아를 비난했다. 그 과정에서 만들어진 보고서는 모조리 박 선임의 성과가 되었다.

이런 일이 계속 반복될 때마다 지아의 속은 부글부글 끓었다. 잠자리에 누우면 박 선임의 말들이 떠올라 너무나 화가 났다. 그런데도 다음 날 회사에서 박 선임이 밥 사주고 커피 사주고 하며 챙겨주면 고마웠다. 지아는 어린 시절부터 '좋은 사람'이라는 말을 많이 들었다. 남들에게 들은 칭찬 대부분이 그랬다. 그러다 보니 화가 날 때도 '그냥 이번만 넘어가자' 하고 억누르게 되었다.

이렇듯 상담을 통해 만난 지아는 관계적인 사람이라 누구에게나 호의적으로 대하려고 애썼다. 항상 남의 눈치를 보면서 행동했다. 설령 자신에게 피해가 된다고 하더라도, 손해가 된다고 하더라도 기꺼이 양보할 줄 알았다. 그녀는 항상 다른 사람들에게 웃으며 마음 문을 활짝 열어두었다.

당신은 지아의 상황을 어떻게 생각하는가? 지아의 상담 이야기는 이 책의 에필로그에서 다시 이어가겠다.

너무 착하고 다정한 것이 때로는 독!?

나 역시 지아처럼 타인을 환대하고 마음의 문을 열어주는 것을 대체로 좋게 생각한다. 그러나 '대체로'일 뿐 항상 그렇지는 않다. 나는 다음 질문들을 내담자에게 던지곤 한다.

- 어떤 사람에게는 다정하게 대하는 것이 오히려 당신에게 해로울 수 있을까?
- 관계할수록 당신에게 손해가 되는 관계도 있을까?

많은 사람이 이 질문에 대해 '그렇다'고 여기면서도 자신이 마음의 문을 닫으면 상대에게 너무 거절감을 느끼게 하지 않을지, 자신이 너무 까칠하게 하는 것은 아닐지 고민한다. 과연 당신은 어떠한가?

이제부터는 인간관계 영역, 일명 '관계 울타리'에 대해 다루려고 한다. 이 울타리는 굳건하고 단단할수록 좋다. 다음으로 이와 관련한 이야기를 하나 들려주겠다. 어려움에 빠진 한 목동의 이야기다.

어느 목동과
울타리 이야기

옛날 옛적 깊은 산속에 한 목동이 살았다. 목동의 오두막은 양지바른 언덕에 자리 잡고 있었는데 오두막과 언덕은 오래전부터 목동 가문의 것이었다.

약간 비탈진 길을 걸어 언덕에 오르면 햇볕이 따뜻하게 비쳤다. 바람이 적절히 불었고 새들이 지저귀는 소리도 들렸다. 언덕 중앙에는 목동이 지내는 작은 오두막이 자리했다. 집 밖에는 목동의 땅임을 표시하는 튼튼한 울타리가 세워져 있었고 그 안에는 양들이 있었다. 가문 대대로 목축에 종사해왔기에 양들과 언덕과 오두막은 목동에게는 삶의 터전일 뿐만 아니라 그야말로 모든 것이었다. 목동의 모든 선조는 험한 시기에도 언덕을 잘 지켜냈고 아끼고 사랑했다. 그 땅은 비옥했고 싱싱한 풀들이 가득해 양들의 건강 역시 더할 나위 없었다.

그런데 어느 저녁 천둥을 동반한 비가 많이 내렸다. 다음 날 목동이 밖으로 나가보니 울타리 일부가 무너져 있었다. 살아생전에 아버지가 전체적으로 보수한 울타리는 원래 굉장히 튼튼했었으나 이제 오래되어 언제 무너져도 이상하지 않을 만큼 낡아버렸다. 외진 산에서 포식자의 습격을 막을 수 있도록 설계된 울타리는 두껍고 꽤 높게 만들어졌으며, 위에는 뾰쪽한 창날이 수북이 달려 있었다. 따라서 어떤 동물도 울타리를 쉽게 넘을 수 없었다.

튼튼한 울타리 덕분에 여태껏 목동과 양의 터전은 안전했다. 더욱이 양들은 모두 울타리 안이 제집인 줄 알아서 목동이 이끌고 나가지 않는 이상 얌전히 있었다. 그래서 목동은 지금처럼 앞으로도 별일 없을 거라 생각하며 무너진 울타리의 보수를 내일로 미루었다.

울타리가 무너지자 안으로 침범해오는 것들

일주일 정도가 지난 어느 오후에 일어난 일이었다. 사슴 세 마리가 울타리 안쪽으로 들어왔다. 그들은 허기가 졌는지 언덕에 있는 풀들을 정신없이 먹어 치우기 시작했다. 목동은 울타리를 넘어 사슴들이 들어왔다는 사실에 신기해하며 자신의 양을 저편으로 몰고 사슴들에게 기꺼이 공간을 마련해주었다.

다음 날 아침이었다. 족히 스무 마리 가까이 되는 사슴들이 울타

목동이 오래도록 지켜온 평화롭고 풍요로운 땅과 양들은 바로 우리 자신이다.
이곳이 침범당하지 않게 우리는 울타리를 잘 보수하고 나아가 양치기 개도 준비해야 한다.
작품 및 작가 정보: 〈Shepherd with Sheep〉(1900–1945),
Cornelis Albert van Assendelft(Dutch, 1870–1945).

리에 들어와 있었다. 어제의 사슴들을 뒤따라온 것 같았다. 사슴들은 정신없이 풀을 먹어 치웠다. 목동은 처음에는 당황했으나 본래 착한 사람이었기에 선의에서 사슴들을 그냥 놔두었다.

그리고 일주일이 지났다. 아침에 일어나 보니 소 한 무리가 울타리 안에 들어와 있었다. 소는 사슴 무리를 보고선 그곳이 비옥하다는 것을 눈치채고 무너진 울타리를 넘어온 듯했다. 목동은 소 떼가 끊임없이 이동한다는 점을 잘 알았고, 또한 울타리 안의 풀이 넉넉했기 때문에 좋은 마음으로 소들을 그냥 놔두었다.

그러나 목동의 예상은 틀렸다. 소 떼는 며칠이 지나도 목동의 울타리를 떠날 생각을 하지 않았다. 급기야 소들은 영역을 표시하더니 양들을 위협했다. 양들은 모두 놀라 울타리 끝으로 도망가 위축되어 덜덜 떨었다. 반대로 소들은 원래부터 그곳에 살았던 것처럼 언덕 중앙에 자리 잡고 엄청난 먹성으로 싱싱한 풀을 거침없이 먹기 시작했다. 잠깐 머물다 갈 것이라는 목동의 예상이 완전히 빗나갔다. 소 떼는 아예 눌러앉아 모든 풀을 먹어 치울 작정이었다. 사실 맛있고 싱싱한 풀들이 가득한 목동의 언덕을 떠날 이유가 없었다. 뒤늦게 소들의 생각을 알아챈 목동은 다급히 소 떼를 울타리 밖으로 내보내려 했다. 그러자 우두머리 소가 고개를 돌려 성난 표정으로 목동을 똑바로 노려보더니 씩씩댔다. 마치 곧 목동을 들이받을 것만 같았다.

우두머리 소의 기세에 두려워진 목동은 체념한 채 소들을 그대로 두었다. '풀이야 울타리 밖에도 얼마든지 있잖아.' 더구나 목동은 외로워하던 참이었다. 물론 양들은 그의 둘도 없는 친구였지만, 그래도

외로움을 모두 달랠 수는 없었다. 좋은 쪽으로 생각하기로 했다. '사슴과 소들은 모두 친구니까 내 외로움을 달래주겠지.'

하지만 정작 사슴과 소 떼는 이 같은 목동의 의도나 배려를 전혀 알지 못했다. 그들이 여기 온 이유는 목동이 아니었다. 그저 탐스러운 풀이 가득했고 울타리가 뚫려 있었던 것뿐이었다. 따라서 목동은 사슴과 소들에게 돌봄도 제공해보려고도 하고, 양처럼 길들여보려고도 했으나 모두 실패했다. 사슴과 소들은 빠른 속도로 풀을 뜯어 먹기만 할 따름이었다. 목동은 속상해하면서 그들이 제발 떠나기만을 바랐다.

사슴, 소, 그리고 늑대… 과연 목동의 선택은?

보름쯤 지나서 달이 찼다가 기울어지기 시작한 때, 목동에게 좋은 일과 나쁜 일이 동시에 발생했다.

좋은 일은 뭐가 그리 급한지 거친 소들은 물론 사슴들마저 황급히 울타리를 떠난 것이다. 그리고 나쁜 일은 울타리 안의 그 많던 풀이 사슴과 소 떼들에게 무수히 짓밟혔고 심지어 뿌리째 뽑혀나간 탓에 다시 자라나지 못하게 된 풀도 아주 많다는 것이다.

더 나쁜 소식도 있었다. 사슴과 소의 발자국을 추적해온 사나운 늑대 떼가 목동의 터전에 당도했다. 그런데 늑대들은 풀 따위에는 전혀 관심이 없었다. 애초에 따라왔던 소와 사슴의 행방에는 아랑곳하지 않고 모두 자세를 낮춘 채 언덕으로 고개를 향했다. 그들은 알고 있었다. 사슴이나 소 무리보다 훨씬 더 좋은 먹잇감이 있다는 것을.

목동과 양 떼는 공포에 휩싸였다. 늑대들은 해가 지면 하얀 이를 드러내면서 무너진 울타리를 넘어올 것이 분명했다. 노을이 지는 하늘을 보자 목동의 심장이 뛰었다. 그는 어디서부터 무엇이 잘못되었는지를 생각하기 시작했다.

이 목동은 위험에 빠져 있다. 당신이 만약 목동이 가장 소중한 친구라면, 처음 울타리가 무너졌을 때 사슴 떼를 맞이한 목동에게 뭐라고 해주고 싶은가? 아마도 이런 조언들을 건네고 싶을 것이다.

> "사슴을 들여보내면 안 돼."
> "사슴까지는 괜찮지만, 만일 다음에 소가 들어온다면 더 맹렬하게 내쫓아야 해."
> "앞으로 어떤 동물이든 들어올 수 있지 않을까? 사슴이 들어온 건 경고야."
> "근본적으로 울타리를 보수해야 해. 그래야 네 마음대로 원하는 걸 들여보내거나 내보낼 수 있지. 그리고 양치기 개도 있어야겠다."

우리도 자신의 울타리를 지켜야 한다

나는 상담심리사로서 많은 내담자를 상담실에서 만난다. 이 공간은 매우 사적인 공간이고 방음 장치도 잘되어 있다. 소파는 편안하며, 자연이 보이는 창이 있고, 향도 은은하다. 상담실의 공간과 시간은 지금 내 앞에 있는 사람을 깊이 이해하기 위해 마련된 것이다. 나는 이 안전한 공간에서 내담자가 밖에서는 차마 꺼내지 못하는 내밀한 이야기를 듣는다.

내담자는 처음에는 불안이나 우울, 분노를 언급한다. 취업 실패로 좌절에 빠진 대학생, 회사에서 상사로부터 험한 말을 반복적으로 듣는 직장인, 삶의 의미를 잃어버린 나머지 아무것도 하기 싫은 중년 남성, 가까운 사람에게 상처를 받아 분노를 어떻게 해결할지 모르겠다는 20대 여성…. 일상에서 흔히 접할 수 있는 고민들이라 언뜻 단순한 의사소통의 문제로 보인다.

그러나 깊이 살피면 인간관계가 복잡하게 꼬여 있는 경우가 대부분이다. 예를 들면 취업에 실패한 대학생의 호소에는 단순히 일자리 문제만 있는 것이 아니다. 부모에게 면목이 없고, 친구들 사이에서 소외감을 느낀다. 대학 동기들은 아주 좋은 회사에 취업했다는 소식이 계속 전해지는데 본인은 면접 근처에도 못 가고 있다. 박탈감을 반복해서 느끼고 이와 함께 인간관계가 고통스러워져 점점 집 밖으로 나가기가 힘들다.

그럼 직장에 들어간 이들은 고생 끝 행복 시작일까? 결코 그렇지 않다. 그때부터 또 다른 문제가 시작된다. 직장인은 보통 이런 증상들을 이야기한다.

"속이 답답해요."

"정말 화나요."

"너무 불안해서 잠이 오지 않아요."

"왜 사는지 모르겠어요."

이렇게 호소하는 사람들은 언뜻 소화가 안 되고 두통이 있으며 불면증을 겪는 듯 보인다. 혹은 불안이나 우울, 화와 관련된 정서적 문제에 시달리는 것 같다.

그러나 이들이 호소하는 신체적이고 정서적인 문제 이면에는 인간관계적인 어려움이 똬리를 틀고 있는 경우가 많다. 자신에게 닥친 상황 탓에 불안해하며 무엇이 잘못되었는지를 골똘히 생각하고 있는 목동 같은 사람도 그중 하나다. 이들은 사람 탓에 불안하고 우울하고 화가 난다. 속이 터지니 소화가 안 된다. 이용당하고 있다는 억울한 감정 때문에 잠이 오지 않는다.

이들은 왜 인간관계에서 부정적인 일을 겪을까? 세상에는 좋은 사람이 훨씬 많지만 그렇다고 모두가 좋은 사람은 아니다. 고의는 아니지만 상대에게 항상 피해를 주는 사람이 있다. 그리고 어떤 이는 시기와 질투, 이기심에 사로잡혀 고의로 다른 사람을 골탕 먹이거나 무례하게 대한다. 심지어 남을 이용하는 것을 아무렇지 않게 하는 사람도 분명히 존재한다. 이처럼 삶에는 아주 좋은 관계도 있지만 그렇지 않은 관계도 있다.

우리에게 접근하는 사람들 중에는 선한 얼굴을 한 사슴 같은 이

프롤로그

들이 있다. 남들의 삶의 터전을 야금야금 갉아먹는 자들이다. 순진한 듯 보이는 그들은 슬그머니 무언가를 부탁하고 남의 것을 슬며시 가져가기도 한다. 무작정 남의 삶에 갑자기 들어가 의존과 불안을 쏟아내기도 한다. 당하는 사람은 '그만 좀 하라'며 말리려 하다가도 선한 얼굴에 죄책감을 느끼고 만다.

무심하고 거친 소와 같은 이들도 있다. 뚝심 있는 것인지, 뻔뻔한 것인지 그냥 남의 삶에 파고들어 당당하게 무언가를 요구하고 터전을 통째로 먹어치운다. 반대로 누군가의 부탁을 받으면 이들은 아주 냉정한 태도로 왜 들어주어야 하는지 반문한다. 자신의 욕구에는 민감하지만, 상대의 욕구에는 놀랍도록 둔감하다. 이처럼 정서적 교류가 전혀 없이, 친한 것도 아니고 친하지 않은 것도 아닌, 애매한 관계속에서 소와 같은 이들은 계속 당당하게 무엇을 요구한다.

심지어 우리의 삶을 통째로 삼키려는 자들도 있다. 그들은 우리를 그루밍하거나 괴롭히거나 은근하게 따돌림을 주도하거나 대놓고 무시하고 조롱한다. 양들이 빈틈을 보일 때를 기다렸다가 그 시기가 오면 맹렬하게 달려가 먹어치우는 늑대와도 같다.

그러므로 나 역시 목동을 만난다면 이렇게 말할 것이다.

"울타리 보수가 가장 첫 번째로 해야 할 일입니다. 더 나아가 집을 지키는 충실한 양치기 개도 여러 마리 필요해요."

울타리를 구축한다는 것의 진짜 의미

어떤 인간관계에서든 자신을 보호하는 것이 가장 먼저다. 그런데 이를 잘 아는 사람도 왜 그렇게 하지 못할까? 무엇보다 나와 상대의 성격 구조, 그리고 관계 역학에 대해 명확히 알지 못하는 것이 이유인 경우가 많다. 만약 당신이 유난히 인간관계에서 단호하지 못하다면, 자꾸 손해를 입으면서도 착한 사람으로 살고 있다면, 가장 먼저 자신을 이해할 필요가 있다. 또한 당신을 힘들게 만드는 사람의 패턴과 역동을 정확히 알아야 한다. 그러고 나서 울타리를 구축한다.

울타리를 구축하는 것이 '이불 밖은 위험하다'라는 식으로 모든 환경과 관계에서 물러서는 것을 의미하지 않는다. 울타리에는 문이 있다. 누군가를 울타리 안으로 들여보내고 내보내는 것은 모두 울타리 주인의 선택에 달려 있다. 그리고 울타리를 구축하는 것은 좋은 사람과 관계를 맺는 적절한 보호망을 만드는 것이다.

물론 때에 따라 사슴 정도는 허용할 수 있다. 다만 너무 의존적인 사슴이라면 적절한 경계를 세우는 것이 필요하다. 무감각하고 거친 소라면 울타리 안으로 한번 들어왔다가 안 나갈 수 있으니 들여보내기 전에 명확한 경계 설정이 필요하다.

그렇다면 늑대는 어떨까? 늑대가 울타리 안으로 들어오는 순간 끝장이다. 사슴과 소가 원하는 것은 어디까지나 풀이다. 풀은 언젠가 다시 자라기 마련이다. 하지만 늑대가 갈구하는 것은 빼앗겼다가 되찾을 수 없다.

어떻게 해야 울타리를 잘 세울 수 있을까?

그림 형제가 집필한 동화 〈빨간 모자〉에는 교활한 늑대와 빨간 모자를 쓴 소녀가 등장한다. 할머니를 잡아먹은 늑대는 빨간 모자까지 잡아먹으려 든다. 빨간 모자가 할머니 집에 올 시간이 되자 늑대는 재빨리 할머니의 침대에 누워 할머니로 둔갑한다.

이때 뭔가 이상함을 느낀 빨간 모자는 할머니에게 질문을 던진다.

"할머니, 귀가 왜 이렇게 커요?"
"네 소리를 잘 들으려고 그러지!"

"할머니, 눈이 참 커졌어요."
"너를 잘 보려고 그러지!"

빨간 모자는 아무래도 이상해서 할머니에게 더 가까이 다가간다.

"할머니, 입이 왜 그렇게 커요?"
"너를 잘 삼키려고 그러지!"

인자한 할머니의 모습으로 위장한다고 해서 늑대의 음흉한 의도가 가려지는 것은 아니다.

우리 나라의 전래 동화 〈해님 달님〉의 호랑이도 늑대와 비슷한 존

◆

동화 〈빨간 모자〉에 등장하는 늑대에게는 인간관계에서 타인을 지배하고
이용하며 착취하는 사람의 모습이 투영되어 있다.
작품 및 작가 정보: 〈The Wolf Disguised as Grandmother〉(1902),
Arthur Rackham(English, 1867−1939).

재다. 호랑이는 할머니를 잡아먹고서도 배가 차지 않자 오누이의 집으로 간다. 호랑이는 할머니인 척 가장하기 위해 교묘하게도 아이들에게 발톱을 숨긴 앞발을 보여준다.

이런 동화들이 수 세기 동안 회자되며 전해진 까닭은 사실 인간관계에 대한 이야기여서 그렇다. 세상에서 가장 무서운 존재는 여지없이 사람이다. 세상에는 남을 무시하는 것을 즐기는 사람이 있다. 남을 지배하고 이용하며 착취하는 사람까지 있다.

자, 다시 목동 이야기로 돌아가보자. 아직 사슴과 소, 늑대가 오기 전 상황이라면 당신은 목동에게 어떤 조언을 하겠는가? 아마 울타리를 굳건히 세워야 한다고 말할 것이다. 과연 어떻게 해야 울타리를 잘 세울 수 있을까? 세 가지 단계를 거치면 된다.

- 1단계: 나의 울타리, 즉 마음의 터전을 살피면서 왜 이 울타리가 무너졌는지를 알아보자. 이를 통해 자신의 상태와 마음을 이해할 수 있다.
- 2단계: 나에게 피해와 손해를 입힌 인간관계를 살펴보자. 이를 통해 인간관계를 명확하게 통찰하는 힘을 기를 수 있다.
- 3단계: 다양한 인간관계 상황에 대한 대처를 연습하자.

이 책에서 소개하는 내용을 익히고 따라 하다 보면 어느새 당신의 인간관계는 이전과 달라져 있을 것이다. 무례한 사람을 맞닥뜨렸을 때도 웃으며 대처할 만큼 단단한 사람으로 성장하길 기대해본다.

1장

자기 이해

: 착하기만 했던
나의 내면을 이해하다

내면을 탐색하며 자신을 이해하다 보면
지금껏 겪었던 인간관계 문제의 많은 부분이
본인 잘못이 아니었음을 깨닫게 된다.

작품 및 작가 정보: 〈Julie Le Brun Looking in a Mirror〉(1787),
Elisabeth Louise Vigée Le Brun(French, 1755–1842).

감정의 쓰레기통이
된 것 같아요

20대 여성 연서는 연인과의 문제로 내 상담실을 찾았다. 처음 만났을 때 그녀는 성공을 거둔 세련된 전문가처럼 보였다. 그녀는 공감력이 뛰어났고, 타인을 배려할 줄 알았으며, 풍부한 내면을 가지고 있었다. 게다가 감정 읽는 능력이 매우 섬세했고, 창의적인 시각과 예술성도 갖추었다. 디자인 분야 회사에서 일하는 그녀는 업무적 역량이 상당했다.

그런데 이야기를 들어보니 연서는 심리적 상처가 깊었다. 섬세함은 좋은 능력이지만, 그만큼 작은 것에도 상처를 잘 받을 수 있다. 문제는 연서는 오랫동안 인간관계로 상처를 입어왔다는 점이었다.

연서에게 가장 큰 상처를 준 사람은 부모였다. 그녀의 부모는 자녀의 학업에 열성적이었다. 어린 시절 영재 소리를 들었던 그녀가 사회적으로 명성 있는 의사나 법조인이 되기를 바랐다. 그러나 연서의 성적이 중학교 3학년 때부터 점차 떨어지자 과한 기대가 비난으로 전환되었다. 어떤 언어는 신체적 폭력만큼 상대를 아프게 한다. 사랑하는 부모의 비난은 자녀 입장에서 더욱 그러하다. 원래 내향적이었던 연서는 한층 위축되었다.

가장 사랑하는 사람들이 비난으로 나를 아프게 합니다

힘든 상황이었지만 오히려 내면에 있던 예술성이 드러났다. 연서는 학교에서 홀로 그림을 그리고 글을 썼고, 그러다 보니 사회성이 한층 떨어지게 되었다. 몇 명 없던 친구들마저 그녀를 놀려댔다. "연서는 사차원이라 이해할 수 없어." 이토록 힘든 학창 시절을 보냈으나 연서는 예술적 역량과 재능을 포기하지 않았다.

가까운 사람들이 준 상처에도 불구하고 연서는 성장했다. 섬세한 내면을 토대로 꿋꿋이 자신이 좋아하던 디자인에 대한 꿈을 더 키워나간 것이다. 그리고 부모의 반대를 무릅쓰고 대학에서 디자인을 전공했으며 마침내 희망하던 회사에 입사했다.

그런데 몇 년 뒤 인간관계가 다시 그녀의 발목을 붙잡았다. 이번에는 연인이 문제였다.

연인은 연서와 놀라울 정도로 비슷한 사람이었다. 섬세했으며,

자기 이해

매우 내향적이었고, 내면이 풍부했다. 그러나 근본적인 차이가 있었다. 연서는 공감력이 높았으나 연인은 그렇지 않았다. 그저 예민하고 짜증이 많았다. 작은 일부터 큰일까지 연인은 자신이 마땅히 해야 할 일을 그녀에게 미루었다. 그는 내면세계에 빠져 있느라 세상이 어떻게 돌아가는지 무관심했다. 시간이 지나면 지날수록 그는 사회적으로 고립되었고, 내면세계는 더 어두워졌다.

어른이 되면 해야 할 역할과 책임이 생긴다. 그런데 연서의 연인은 자신의 역할과 책임을 다하지 않았고 연서에게 떠맡겼다. 연서는 연인의 경제적 책임을 대신하기도 하고 심부름을 해주기도 했다. 연인 어머니의 병원 뒷바라지에, 병원비까지 부담했다. 그녀는 이런 상황에 점점 지쳐갔다.

나는 연서에게 물었다. "남자 친구를 어떻게 사랑하게 되었나요?" 이에 연서는 이렇게 답했다. "실은 사랑의 감정보다는 돌봄의 감정이 컸어요. 나락에 빠져 있던 그 사람이 도와달라고 하더라고요." 도움을 청하는 손길을 차마 외면할 수 없었던 연서는 기꺼이 응했다. 그런데 연인은 시간이 지날수록 더 많은 것을 요구했고 집착했다. 연서가 무자비한 요구를 버거워하면, 연인은 갑자기 돌변해 이기적인 사람이라고 거칠게 비난을 퍼부었다. 마치 예전에 연서의 부모가 했던 것처럼 말이다.

연인은 세상과 삶에 온통 불만이었다. 특히 우리 사회가 공평하지 않다면서 아웃사이더처럼 굴었다. 그 모습이 연서의 눈에는 멋진 예술가처럼 보였고, 한편으로는 어린 시절 고립되고 외로웠던 자신의 모습 같았다.

공감력 높은 사람의 취약점은 이것!

하지만 연인은 파괴적인 말과 행동을 계속하며 연서를 괴롭혔다. 두 사람 사이에서 반복된 갈등과 싸움은 그녀의 삶을 엉망으로 만들었다. 심지어 연인은 그녀가 직장을 그만두고 자기를 돌봐주기 바랐다. 하지만 연서의 사회적 능력은 이제 꽃피우기 시작한 참이었다.

도대체 왜 연서는 연인과 헤어지지 않을까? 사실 연서는 할 수만 있다면 그에게서 벗어나고 싶었다. 그런데 그는 가장 아픈 약점을 물고 늘어졌다. 바로 그녀 안에 숨겨진 놀라운 공감력과 깊은 죄책감이었다. 연인은 도와달라거나 관심을 보여달라고 했다. 그러다가 결정적인 순간에 분노와 짜증, 공격성으로 그녀를 얼어붙게 했다.

나는 연서에게 물었다. "연인과 함께 있을 때 어떤 것이 마음속에 떠오르나요?" 그녀는 심장이 답답해진다면서 이렇게 말했다.

> "쓰레기통이요, 제가 지독한 감정의 쓰레기통이 된 것 같은 느낌이에요."

쓰레기통이란 연인이 연서를 대한 방식에 불과하다. 그녀는 결코 쓰레기통이 아니다.

자기 이해

나는 연서가 자신을 어떤 존재인지 다시 인식하고 이해하는 작업부터 시작했다. 그리고 이를 토대로 어떻게 직장과 생활에서 자신을 가꾸고 파괴적인 연인으로부터 자신을 단단하게 지킬지를 상담에서 다루었다.

어떻게 연서처럼 공감력이 높은 사람 곁에 그토록 파괴적인 사람이 있을 수 있을까? 사실 공감력이 높으면 연서의 연인과 같은 사람에게 취약할 수 있다. 연민과 돌봄에 대한 감정은 사랑의 감정과 정확히 구분되지 않는다.

문제는 선하고 좋은 의도를 가진 사람을 나락으로 떨어뜨리는 사람이 있다는 것이다. 남의 인생을 시기하고 착취하기도 한다. 연서는 타인을 배려할 줄 알았다. 그러나 그것이 약점이 되어 좋은 소리는커녕 비난을 들으며 누군가의 삶을 떠맡았다. 그녀는 순응하기 때문에, 착한 심성 때문에 부당한 일을 겪었다.

상담을 하다 보면 오랫동안 쌓인 인간관계의 상처가 응어리진 경우를 종종 만난다. 이런 사례들에서 상처는 대부분 다른 사람들이 무심하게 던진 말과 태도가 만든 것이었다. 연서도 마찬가지였다. 그녀는 세련되고 자기주장을 잘할 것 같은 역량 있는 직장인의 모습인 데다가 내면은 풍부하고 섬세했다. 쓰레기통이라는 표현은 도무지 그녀와 안 어울렸지만, 안타깝게도 그녀는 상담 중에 반복해서 자신을 쓰레기통으로 표현했다.

타인이 씌운 비난의 굴레를 벗겨라

아무리 가치 있고 아름다운 도자기여도 담배꽁초를 잔뜩 버리면 재떨이가 된다. 갖은 쓰레기를 버리면 쓰레기통이 된다. 물론 다시 깨끗하게 씻으면 본연의 가치를 되찾을 것이다. 도자기에 꽃을 꽂으면 꽃병이 되고, 맛있는 음식을 담으면 식기가 되고, 녹차나 홍차를 담으면 찻잔이 된다.

상담실에서 나는 상처로 신음하는 내담자들을 마주한다. 그들은 스스로를 오물과 동일시한다. 자신이 사랑받을 수 없는 존재라거나 무가치한 존재라고 한다. 때로 그들은 다른 사람에게 이용당하면서도 적반하장으로 비난받는다. 그런데도 나에게 "제가 무엇을 잘못했을까요?"라고 묻는다. 나는 그럴 때 이렇게 말해준다.

"분명히 말하지만, 그건 당신 잘못이 아니에요."

잘못은 상처를 준 상대에게 있다. 마치 자신이 재떨이, 쓰레기통처럼 여겨지는가? 누군가가 무례한 짓을 벌인 탓이다. 도자기를 깨끗이 씻어내듯 내면에서 불안을 걷어내면 깊은 안정감과 새로운 것을 향해 성장하려는 욕구가 드러난다. 비난의 굴레를 벗어날 때 자신이 가진 특별한 재능과 본연의 창의성이 나타난다.

상담심리사로서 내가 하는 일은 특별하지 않다. 내가 하는 일은 만남 속에서 있는 그대로 내담자를 바라봐주는 것뿐이다. 그건 마치 내담자에게 묻은 오물을 흐르는 물에 씻어내주는 과정과 같다. 그러다 보면 원래 내담자가 가지고 있는 고유한 측면이 그대로 드러난다. 그렇게 내담자는 자신의 자원과 가능성을 발견할 수 있다.

우리는 모두 가치 있고 아름다운 도자기와 같다. 그런데 누군가는 어이없게도 도자기에 쓰레기를 버리려고 한다. 그럴 때 우리는 단호하게 말해야 한다.

> "이보세요. 여긴 쓰레기통이 아닙니다. 당신 쓰레기이니 다시 가져가세요."

'착한 아이 콤플렉스'에 대한 모든 것

'가는 말이 고와야 오는 말이 곱다'는 속담이 있다. 이처럼 인간관계는 상호적이어서 한쪽이 다른 쪽을 호의적으로 대하면, 보통은 다른 쪽도 호의적인 태도를 취한다. 누군가 상대를 믿고 자신의 약한 모습을 드러내면, 상대는 깊은 속마음을 알게 되었다고 생각하기 마련이며 때로는 속 이야기를 한다. 이런 일련의 과정을 경험하며 인간관계는 한층 발전한다.

이번에는 앞서 말한 속담을 반대로 해보자. '가는 말이 안 고우면 오는 말이 안 곱다'라고 할 수 있을 텐데, 이 또한 인간관계에 적용이 가능하다. 한쪽이 다른 쪽을 박하게 대하면, 보통은 다른 쪽도 박한 대접을 하는 것이 인간관계의 이치다.

자기 이해

그런데 인간관계에는 예외가 존재한다. '가는 말은 고운데 오는 말이 안 곱다'의 경우다. 어떤 이들은 호의적으로 대하는 상대를 쉽게 이용할 수 있는 사람이라고 본다. 상대의 약한 모습을 보면 언젠가 써먹을 약점으로 생각하기도 한다. 또한 존중해주면 자신이 대단하기 때문에 당연하다 여기고, 상대를 병풍처럼 대하거나 업신여긴다.

참는다고 착한 사람이 되는 건 아니다

당신이 식당에서 밥을 먹으려는데 별로 친하지도 않은 사람이 갑자기 나타나 합석하는 상황을 그려보자. 그런데 그 사람이 대뜸 커다란 주걱으로 당신 몫의 공깃밥에서 절반을 퍼간다. 이에 당신이 놀라자 그가 "공깃밥은 하나 더 시키면 되지, 얼마 안 하잖아"라고 핀잔을 준다. 한술 더 떠서 "사람이 나눠 먹어야지 어떻게 너만 생각하냐!"라고 큰소리를 치다가 "그래서 네가 친구가 없는 거야. 그렇게 해서는 사회생활을 못하지"라고 비난까지 한다.

아마 당신은 이 상황을 내가 지나치게 황당무계하게 설정했다고 생각할지 모르겠다. 하지만 이 같은 어이없는 상황은 현실에서 무수히 발생하고 있다. 나는 상담하면서 비슷한 이야기를 많이 접하며 놀라곤 한다. 그리고 뻔뻔한 상대의 말도 안 되는 적반하장식 비난을 들으면서도 속으로 '진짜 내가 그런가?' 하고 생각하는 이를 보며 더 놀란다.

이런 경우, 내면에서 강한 목소리가 울려 퍼지기 마련이다. 다음처럼 말이다.

"부당하다고 해."

"함부로 말하지 말라고 해."

"사회생활을 못한다고? 말 다 했냐고 따지자."

"당장 내 밥을 돌려놔!"

마땅히 부당한 상황에 항의해야 한다. 하지만 속에서는 열불이 나지만 막상 입이 떨어지지 않는다. 무언가가 입을 봉쇄하고 있어서다. 그것은 바로 오래전부터 자신을 지배해온 목소리들로, 위엄이 있어서 모든 분노를 억누르고 잠재운다. 그 목소리를 어긴다는 것은 가히 상상할 수 없는 일이다.

그 목소리는 여러 패턴으로 나타나는데 공통점은 대략 이런 메시지다.

"참아야 해. 왜냐하면 너는 착한 사람이잖아."

사실 참는다고 착한 사람이 되지 않는다. 그런데도 어떤 사람은 왜 그렇게 생각할까? 더욱이 왜 반드시 착한 사람이 되어야 할까? 왜 손해 보는 것을 미덕으로 생각할까? 그 목소리는 도대체 어디에서 형성되었을까? 그 목소리가 어떤 권위를 가지고 있길래 우리는 순응

자기 이해

하게 될까?

　나아가 이런 질문들도 할 수 있다. 도대체 어디까지 참아야 할까? 밥을 빼앗아 먹는 것을 넘어 장난이랍시고 뒤통수를 때린다면 참을 수 있을까? 머리채를 잡고 흔든다면 참아야 할까? 지갑에서 돈을 뺏어가도 그냥 둘 것인가? 정말 이 같은 모든 상황을 괜찮다며 참아야만 할까?

'착한 아이 콤플렉스' 테스트

'착한 아이 콤플렉스'란 상대에게 좋은 사람이라는 인상을 주어야 한다는 압박감에 시달리는 것이다. 이 콤플렉스에 시달리는 사람은 속에서는 화가 나는데도 겉으로는 상대의 말을 따른다. 겉과 속이 불일치되는 유형이다.

　이제부터 착한 아이 콤플렉스 테스트를 해보자. 이 테스트는 비非진단용으로서, 내가 임상에서 내담자들을 관찰하고 개입하면서 가장 뚜렷하고 현저한 특성을 모은 것이다. 진단용 검사와 이 테스트를 함께 해보았을 때 높은 상관성이 나왔기에 여기 소개한다. 먼저 유의사항을 잘 읽고 나서 테스트에 응하도록 한다.

착한 아이 콤플렉스 테스트

※ 유의 사항

- 문항에 대한 두 가지 보기 중에서 조금이라도 자신의 상황과 가까운 항목에 표시한다.
- 오랫동안 고민하는 것보다는 즉시 표시하는 것이 더 정확하다.
- 과거가 아닌 현재에 초점을 맞추어 표시한다.

문 항	보 기	
	그런 편이다	아닌 편이다
1. 나는 상대가 부탁할 때 그것을 잘 거절하지 못한다.		
2. 나는 의사결정 시 자기주장을 잘하지 못하고 상대의 의견에 따르는 편이다.		
3. 나는 타인이 나를 어떻게 생각하고 있을까를 많이 고민한다.		
4. 나는 타인에게 인정받고 타인을 기쁘게 하고 싶어 노력하는 편이다.		
5. 나는 사람을 기본적으로 신뢰한다.		
6. 나는 관계 안에서 소심하고 불안을 잘 느낀다.		
7. 나는 나와 관련 없는 인간관계에서 갈등이 생길 때도 이를 중재하기 위해 분위기 메이커 역할을 한다.		
8. 나는 가까운 관계 안에서도 표현 못 하는 서운함과 억울함이 있다.		

자기 이해

9. 나는 상대가 화를 내거나 목소리를 크게 내면 할 말이 있어도 그냥 참고 넘어간다.		
10. 나는 거절당하는 것을 매우 힘들어한다.		
11. 나는 타인에게 친절하고 착한 모습을 보이려고 애쓴다.		
12. 내 안에는 나 스스로가 남보다 부족하다는 생각이 있다.		
13. 나는 내 행동이 타인에게 피해를 입힐까 봐 조심한다.		
14. 나는 속로는 억울해도 그렇지 않은 척하며 상대를 대한다.		
15. 나는 적극적으로 자기주장을 하기보다는 타인에 의견에 따라 움직이는 수동적 경향이 있다.		
16. 나는 대인관계 안에서 내 것을 적절히 챙기는 사람이 아니라 상대를 돕는 착한 사람이 되려고 노력한다.		
17. 나는 화가 나도 꾹 참는 편이다.		
18. 나는 관계적인 사람이다.		
19. 나는 내가 손해를 보는 상황에서도 타인과 갈등을 만들지 않는다.		
20. 나는 내 속 감정을 상대에게 잘 표현하지 않는다.		

보기 '그런 편이다' 항목에 표시한 개수를 모두 더한 뒤 아래의 결과를 살펴보자.

- 13개 이상: 착한 아이 콤플렉스 경향이 매우 높다.
- 9~12개: 착한 아이 콤플렉스 경향이 다소 높다.
- 5~8개: 상호적인 인간관계를 맺는 다정한 유형이다.
- 4개 이하: 자기 주장을 다소 할 수 있는 유형이다.

이 테스트는 참여자가 얼마나 착한지가 아닌, 착한 모습이 되기 위해 얼마나 노력하는지를 묻는 질문에 가깝다. 즉, 보기 '그런 편이다' 항목에 표시한 개수가 높을수록 참여자가 착해야 한다는 무의식적 압박 속에서 자신의 욕구를 더 많이 참고 있다고 보아야 한다.

테스트 결과, '그런 편이다'가 9개 이상인 경우

수도꼭지에서 물이 나오는데 손으로 강하게 입구를 눌러 막아버리면 어떻게 될까? 밖으로 나와야 하는 물과 나오지 못하게 하는 압력이 만나 물줄기는 더 세게 뿜어져 나갈 것이다. 수도꼭지와 손 사이의 빈틈을 어떻게든 찾아서 말이다. 앞의 테스트에서 보기 '그런 편이다' 항목에 표시한 개수가 9개 이상이라면 당신의 상황은 이 역설적인 수도꼭지와 비슷하다고 볼 수 있다. 그래서 다음과 같은 증상이 있을 수 있다.

먼저 정서적으로 스스로가 무력하다는 절망스러운 우울감이 나타날 수 있다. 그리고 상대에게 계속해서 당하는 것에 대해 표현하지 못하는 분노가 내면에 가득할지 모른다. 마음이 좋지 못하니 몸도 건강하지 못하다. 갑자기 살이 찌거나 빠지거나 할 수 있다. 게다가 침대에 누워도 잠이 오지 않는다. 잠이 안 오니 걱정이 더 된다. 걱정을 잊기 위해 야식을 먹다가 폭식에 빠지거나 스마트폰에 과몰입한다.

수도꼭지의 예로 다시 돌아가자. 만약 수도꼭지 입구를 강한 기계적 장치로 막아 아예 물이 새어 나오지 못하게 한다면 어떻게 될까? 밖으로 나와야 하는 물이 나오지 못해 역류해버릴 것이다. 그럼 수도관 안에서 문제가 생긴다. 수도관과 연결된, 깊숙이 있는 물탱크가 폭발할지도 모를 일이다.

마치 풍선을 계속 불고 있는데 공기는 풍선의 면에 둘러싸여 빠져 나갈 곳이 없는 상황과도 같다. 풍선은 계속 커지고, 더 커지고…. 빵! 그 결과는 우리가 모두 알고 있다.

이런 경우는 앞서 이야기한 여러 증상을 초래할 뿐더러, 소위 대한민국 사람의 고유한 질병이라는 화병을 일으키기도 한다. 화병을 앓는 사람의 우울은 일반적인 우울과 달리, 분노가 숨어 있다. 감정을 밖으로 분출하지 못하기에 좌절감과 무기력으로 보이는 우울 안에 분노가 있는 것이다.

테스트 결과, '그런 편이다'가 13개 이상인 경우

테스트에서 보기 '그런 편이다' 항목에 표시한 개수가 13개 이상이라면, 착한 아이 콤플렉스가 심각한 상태다. 아주 오래전부터 인간관계에서 상처를 입었지만 자신의 목소리를 내지 못했기에 심리적 고통이 심할 수 있다. 9~12개인 경우보다 불안과 우울, 분노가 상당하고, 표현도 잘 못하고 있어 일상생활에서 다수의 문제를 겪고 있을 수 있다. 적절히 밖으로 빠져나갔어야 할 화가 내면에 가득하니, 결국 울분이 나타나 마음과 몸의 건강에 문제가 생길 수 있다.

한 부부가 상담실을 찾아왔다. 남편은 세상 좋은 사람이었고, 아내는 화가 가득했다. "억울해요. 제 화는 남편 탓에 생겼거든요." 아내의 말에 따르면 남편이 밖에서는 착한 행동을 도맡아서 한다고 했다. 항상 타인 앞에서 웃는 모습이란다. 얼마나 박애심이 넘치는지 남의 업무도 떠맡고, 반전세를 사는 주제에 밥값도 나서서 낸다. 심지어 동기에게 승진까지 양보했다.

아내는 본인과 아이는 너무 힘들다고 했다. 남편이 집에만 들어오면 우울한 사람으로 변하기 때문이다. 무얼 물어봐도 건성건성 대답하고 때론 신경질적이다. 과거에 아내는 다른 건 몰라도 남편이 착해서 결혼을 결심했다. 하지만 알고 보니 착한 모습은 신기루였다.

아내의 이야기를 묵묵히 듣던 남편의 얼굴이 붉으락푸르락했다. 그는 아내를 보며 한마디 쏘아붙였다.

"나도 좀 쉬자. 그만 들볶아. 내가 집에서도 가면을 써야 해?"

착해야 한다는 압박감을 언제까지 견딜 수는 없다. 착한 얼굴의 가면도 언제까지 쓸 수는 없다. 그래서 착한 아이 콤플렉스에 시달리는 사람은 중요한 관계 안에서 작은 일에 갑자기 폭발적인 분노를 보인다든지, 뜻밖에도 관계를 끊어버린다든지 하는 예상치 못한 행동을 한다.

이런 분노가 배우자, 부모, 자식에게 향하기도 한다. 특별히 가까

착한 아이 콤플렉스에 시달리는 사람은 항상 가면을 쓰고 살아간다.
하지만 어떻게 사람이 한결같이 착하고, 친절할 수 있겠는가!
작품 및 작가 정보: 〈Portrait of a Young Girl with a Mask〉(1886),
Jean François Portaels(Belgian, 1818-1895).

착하기만 했던 나의 내면을 이해하다

운 사람에게만 화내는 사람이 있다면, 그 분노는 원래부터 그를 향한 것이 아닐지 모른다. 오래전부터 내면에 잠재된 것이 잘못된 방향으로 표출된 것일 수 있다.

만일 당신이 의견을 당당하게 표현하지 못한다면, 그리고 남이 당신에게 무례한 행동을 계속한다면, 그 이유를 알아야 한다. 자신도 모르게 쓰고 있는 친절한 미소를 띤 가면에 의문을 가져보자. 가만히 생각해보면 놀랍게도 그 가면은 자신이 만든 것이 아님을 알게 될 것이다.

이제부터는 가면의 정체는 무엇이며, 어떻게 형성되었는지 알아보겠다. 이 가면은 오랜 역사, 즉 당신의 성장 배경과 긴밀한 관련이 있으며 크게 세 가지로 분류된다.

자기 이해

압박감

당신이 성인이라면 가장 소중한 사람은 지금의 연인이나 당신이 이룬 가족일 수 있다. 그러나 처음부터 그랬던 것은 아닐 테다. 당신은 한 가정 안에서 태어났고 자랐다. 그 울타리가 전부였던 시기에는 압도적으로 중요했던 인물이 있다. 바로 부모다.

부모는 어린아이에게 긍정적이든 부정적이든 대단한 영향력을 발휘한다. 부모의 수용과 이해는 아이가 자율성을 갖고 자신의 욕구와 열망을 마음껏 표현할 수 있는 장을 형성한다. 사랑을 많이 받은 아이는 자신의 욕구나 감정이 부정적이라도 할지라도 표현할 수 있다. 어떤 표현을 하든지 부모가 받아줄 거라 믿기 때문이다.

하지만 아이의 욕구나 감정 표현을 수용하지 않는 부모도 있다.

그런 부모와 사는 아이는 잘못 표현했다가는 부모에게 엄청나게 비난받거나 심지어 버림받을 수 있다고까지 느낄 것이다. 따라서 속마음을 표현하기 어려워한다.

〈헨젤과 그레텔〉로 읽는 우리 내면 아이

동화 〈헨젤과 그레텔〉에는 헨젤과 그레텔 남매가 나온다. 오빠인 헨젤은 부모로부터 본인과 여동생이 버려질 것을 알았다. 부모가 자신들을 숲속에 버리려고 공모하는 대화를 엿들었기 때문이다. 그래서 헨젤은 숲속에서 집을 찾아올 때 사용하려고 조약돌을 준비했다. 그것은 헨젤이 할 수 있는 최선의 전략이었다.

그런데 왜 헨젤은 애초에 부모에게 당당히 말하지 못했는가? "우리를 버리려는 계획을 모두 엿들었어요! 어떻게 그럴 수가 있어요?" 현실적으로 이렇게 했다가는 부모가 본색을 드러내고 남매를 가혹하게 버릴 게 분명했다. 때문에 헨젤은 연기할 필요가 있었다. 부모가 숲속에서 남매를 잃어버리고 슬픔에 빠진 연기를 하도록 놔두었고, 자신과 동생은 부모를 잃어버렸지만 집을 찾아온 사랑스러운 아이들의 역할을 하기로 했다.

다음 날 아버지가 남매를 버리려는 속셈으로 숲에 산책하러 가자고 했을 때, 헨젤은 신나는 척하며 즐거운 소풍을 떠나는 아이를 연기했을 것이다. 비록 내면은 불안했겠지만 말이다. 나중에 헨젤은 미

자기 이해

리 남겨두었던 조약돌의 흔적을 따라 동생과 집으로 귀환했을 때도 부모를 원망하지 않았을 것이다. 부모도 겉으로는 헨젤과 그레텔을 찾았다는 것에 대해 기뻐하는 척했을 것이다. 헨젤은 산책하러 갈 때처럼 밝게 웃고 있었을 것이다. 이 모두가 부모로부터 버림받지 않으려는 아이의 시도다.

길을 잃어버린 것을 자신의 탓으로 돌리는 것은 굉장히 현명한 행동일 수 있다. 부모의 탓이 아니게 되기 때문이다. 문제를 부모에게 돌리면, 부모는 자식을 버리려는 것이기에 헨젤과 그레텔은 버려질 수밖에 없다. 그러나 헨젤이 문제를 자신에게 두면 스스로 길을 잃어버린 것이기에 희망이 있다. 조약돌만 잘 찾는다면.

실제로 부당한 일을 겪었거나 학대를 당했던 아이는 부모가 나쁜 사람이어서 그랬다고 생각하기보다 자신이 그럴 만한 일을 저지른 탓으로 여긴다. 부모가 나쁜 사람이 되는 순간, 모든 희망이 사라져서다. 차라리 자신이 나쁜 사람이 되면 아직 희망이 있다. 그러나 내면은 어딘가 모르게 불안하다. 부모를 보면 왠지 모르게 불편하다.

어린 시절 이 패턴이 반복되다 보면 이후 다른 관계에도 영향을 준다. 대인관계에서 문제의 원인을 자신에게 두니 어느 순간부터 죄책감을 느낀다. 이를테면 분명히 친구가 잘못한 일인데도 자신이 더 잘하지 못해서 그렇게 된 건 아닐까 생각한다.

이렇듯 착한 아이 콤플렉스를 겪는 많은 사람이 자신 탓에 문제가 발생한 것으로 여긴다. 그리고 분노하려 할 때는 죄책감이 몰려온다. 그러다가 자신과 타인의 관계 사이에서 사실 타인이 문제였다는 것

◆

동화 〈헨젤과 그레텔〉에서처럼 부모에게 학대당하거나
가정에서 부당한 일을 당한 아이는 불안을 많이 느끼게 된다.
작품 및 작가: 〈Hansel and Gretel〉(1859),
Johann Georg Meyer von Bremen(German, 1813–1886).

자기 이해

을 알게 될 때 소스라치게 놀란다. 이전까지 있었던 같은 관계의 패턴이 한꺼번에 떠오른다. 부모, 형제자매, 친구, 선배, 동료⋯. 깊은 슬픔이 닥쳐온다.

부당한 일을 겪은 아이가 죄책감을 느끼는 까닭

분노하려 할 때 나타나는 죄책감은 어디에서 나오는가? 부당한 상황을 겪을 때 분노했어야 하나, 그렇지 못했을 때 우리에게는 자신을 탓하는 죄책감이 싹튼다. 바로 헨젤이 '아이들을 거절하고 버릴 것이다'라는 부모의 메시지를 엿들었던 순간이다.

헨젤은 거절되고 버림받을 수 있는 상황에서 대처 방안으로 넘어갔다. 화난 아이가 되기보다 좋은 아이가 되는 것을 선택했다. 그래야 다시 돌아가 부모와 살 수 있었기 때문이다. '어떻게 해야 살 수 있을까?'라는 중요한 사안은 부당함에 대한 분노를 저 밑으로 숨기게 했다.

이런 일이 반복되다 보면 사람의 내면에는 부정적인 메아리가 형성된다.

"나는 거절될 거야."
"나를 누가 사랑하겠어."
"나는 아무런 가치가 없어."

한 여자 어린아이의 경우를 살펴보자. 공부를 잘하는 오빠는 사랑받지만 자신은 부모에게 사랑받지 못한다고 느끼는 아이는 매사에 조심한다. 부당한 상황에 대해 "왜 오빠만 사랑하고 나는 사랑하지 않아?"라고 부모에게 따져 물었다가는 "사실 너는 우리 자식이 아니란다" 같은 충격적인 말을 들을지 모른다고 여긴다.

이런 생각의 흐름은 아이와 상담을 진행하다 보면 자주 접한다. 그동안 아무에게도 털어놓지 못했으나 '엄마 아빠는 진짜 부모가 아닌 것 같다'고 생각하는 아이들이 있다. 그렇지 않고서 자신을 이토록 미워하고 압박할 수 있냐는 것이다. 때로 어떤 아이는 "나는 미운 오리 새끼예요"라고 말한다.

물론 오빠처럼 공부를 잘하고 싶지만 아이에게는 쉽지 않은 일이다. 그럴 때 아이가 부모에게 사랑받기 위해 해야 할 수 있는 것은 바로 '착한 행동'이다. 오빠는 공부를 잘하지만, 자신은 착한 사람이다. 부모를 미워하기보다 착한 아이가 되어 부모의 사랑을 받으려는 선택이다. 동화에서 헨젤이 했던 것과 같은 생존 전략이다. 이처럼 아이의 착한 행동은 거절과 외로움에서 시작된다.

아이는 착한 아이가 되면 부모의 마음을 얻으리라 생각한다. 그러기 위해 자신이 정말 내고 싶은 목소리를 감춘다.

"엄마, 실은 나 너무 불안했어."
"엄마, 나 지금 진짜 힘들어."
"아빠, 그렇게 화내지 마. 난 아빠를 사랑한단 말이야."

자기 이해

아이가 이 같은 말들을 속으로 꿀꺽 삼킬 때 부모는 자식이 착하게 행동하는 것에 기뻐하며 칭찬한다.

"넌 참 부모 말을 잘 듣는 착한 아이야."

부모는 우리가 처음 인간관계를 맺는 존재며, 부모와 자식 간에 형성된 인간관계의 패턴은 앞으로의 인간관계에서 핵이 된다. 따라서 자신의 착한 행동이 부모를 기쁘게 했다는 사실에 기뻐하는 아이는 '나는 착해야 한다'는 압박감을 갖고 살아가게 된다. 그리고 친구, 동료, 연인 등 자라며 만난 많은 사람 앞에서 목소리를 내려고 할 때마다 압박감이 강하게 작용해 그렇게 하지 못한다.

"착해야 한다"고 압박하는 메아리에 "왜?"라고 반문하라

'나는 착해야 한다'는 압박감에 지속적으로 시달려온 사람은 이 말을 무조건 따라야 하는 명령으로 여길 수 있다. 이 오래된 압박감에 대해 순응하지 않고 의문을 품어야 한다. 그리고 반문을 해보자.

"나는 왜 반드시 착해야만 하는데? 그렇지 않으면 어떤 일이 일어나는데?"

이렇게 반문하고 나면 불안할 것이다. 금기를 건드린 셈이니까 당연하다.

그러나 말이 나온 김에 따져보자. 만약 당신이 착하지 않다면? 착하지 않다고 해서 악한 사람이 되는 것은 아니다. 원래 인간은 착한 면도 있고 그렇지 않은 면도 있는 법이다. 그냥 중간 정도면 괜찮지 않은가? 더군다나 더 이상 착한 사람으로 살지 않는다고 해서 엄청난 일이 생기는 것도 아니다. 오히려 착하게 사는 것이야말로 정말 피곤하다.

만약 어린 시절 부모에게 학대당했다 해도 지금 부모가 당신을 괴롭힐 수는 없다. 학창 시절 친구들로부터 소외를 당했다 해도 지금 그 친구들이 나타나 당신을 따돌릴 수는 없다.

회사는 어떨까? 착하고 고분고분한 편에 속하는 사람보다는 유연하면서도 단호하게 자신의 목소리를 내는 사람이 더 좋은 평가를 받지 않는가? 부장님, 상무님, 사장님을 보라. 그 사람 중에 테레사 수녀님처럼 천사 같은 분들이 얼마나 있는가? 혹시 당신에게 뭔가를 부탁하면서 잘 맞춰주는 것이 회사생활에 유리하다고 속삭이는 사람이 있다면, 과연 그도 그렇게 하고 있는지 잘 살펴보라.

내면의 욕구를 조금씩 표현하며 앞으로 나아가기

압박감이란 외부의 목소리다. 원래 내 것이 아니므로 내 욕구가 아니

자기 이해

다. 압박감이 밀려들 때면 진짜 자신의 욕구를 조금씩 말해보라.

큰 것이 아니어도 괜찮다. 누군가 의견을 물어볼 때 작은 것부터 자신의 목소리를 내는 연습을 해야 한다. 오랜 시간 동안 자기 목소리를 내지 못했다면 연습이 많이 필요할 수 있다.

메뉴를 정한다거나, 여행 중에 들를 어떤 장소를 결정하는 등의 것들도 좋다. 만약 당신이 그동안 "저는 다 좋아요. 아무래도 좋아요"라고 말했다면 정말 그런지 가슴에 손을 얹고 돌이켜보라. 그렇게 조금씩 시도하다 보면 어느덧 당신은 진심으로 바라고 원하는 것을 더 잘 이야기하게 될 것이다.

누군가 당신에게 작은 것을 물어볼 때 원하는 것을 조금씩 말해보자. "점심 먹으러 가죠, 뭐 먹을까요?" 그렇다면 당신의 대답은?

"저는 오늘 한식이 먹고 싶어요."

비난

비난은 무언가를 잘 따르지 않았을 때, 어떤 잘못을 했을 때 일어난다. 비난은 굉장히 아프기에 비난을 듣지 않기 위해 부단히 노력한다. 그러나 노력해도 잘되지 않아서 비난이 계속 반복되면 자포자기하기 쉽다.

앞서 다룬 압박감의 목소리가 "너는 착해야 해"라면, 비난의 목소리는 "네가 착하지 않으면…"이다. 즉, 비난은 착하게 굴지 않으면 큰 손해를 볼 거라는 협박이 깃들어 있다. 이렇듯 압박감과 비난은 각각 당근과 채찍이라고 할 수 있다.

비난이라는 채찍은 당신이 하기 싫은 것을 억지로 하라고 했지만 하지 않았을 때, 자신의 목소리를 냈을 때, 무언가에 순응하지 않았던 때 어김없이 찾아와 당신을 몰아세우고 거침없이 자존감을 무너뜨린다. 날 선 비난은 당신을 얼어붙게 만들고 다시 순응하게 한다. 비난에 따라 순응하고 철옹성 같은 규칙과 규율을 지킨다면 비난의 메아리는 더 이상 들리지 않을 것이다. 그러나 선을 조금이라도 넘으면 비난은 다시 거침없이 공격해온다.

"착하지 않으면…"이라는 비난의 메아리는 대대로 울린다

어른이 된 당신은 나도 모르게 더 능력 있는 사람이 되려 하고, 누군가에게 사랑받을 만한 사람이라고 어필하려 하고, 스스로가 다른 사람을 돕는 사람이라고 말한다. 그렇게 하지 않으면 비난받을 것이기 때문이다.

남으로부터 들었던 비난을 어느새인가 다른 사람에게 하기도 한다. 특히 가정을 이루고 난 다음 그토록 사랑하는 배우자와 자녀에게 말이다.

어린 시절 당신이 했던 행동을 자녀가 똑같이 하고 있을 때가 있다. 비난을 불러일으켰던 그 잘못된 행동 말이다. 자신 없는 태도, 느린 학업 성취 속도, 편식, 게으름…. 제대로 훈육하면 될 일이지만 그전에 걷잡을 수 없는 분노가 싹튼다.

왜 이토록 화가 날까? 지금 세상에서 잘 기능하고 있는 당신은 이전의 모습이 재현되는 것이 너무 싫다. 그래서 어린 시절 당신과 닮은 아이의 행동을 보고 아이를 비난한다. 즉, 당신이 비난하는 '아이'는 바로 이전의 비난받던 어린 '나'이기도 하다. 반대로 지금 혼을 내는 '자신'는 어린 시절 무서워했던 바로 '부모'이기도 하다. 이처럼 자녀는 부모가 오래전 잊어버렸던 그림자다.

비난과 자존감의 위험한 상반적 관계

아이는 부모를 통해 겪어본 압박감을 시간이 지나면서 더 다각적으로 경험하게 된다. 학교에 입학하면 아이는 사회적 관계를 다양하게 맺는다. 교사든, 친구든 뛰어난 아이들을 주목한다. 키 크고, 운동 잘하고, 공부 잘하고, 외모가 멋진 소수의 아이들을 제외하고는 다들 평범하다.

주목받는 아이들은 사람들의 관심을 많이 받는다. 그리고 나머지 아이들에게는 돌아오는 관심이 적다. 이런 환경 속에서 아이는 소외감을 느낀다. 그리고 많은 사람이 뛰어난 아이와 평범한 아이를 비교하면서 말한다.

"너는 도대체 뭐가 될래?"

아직 어리기에 아이는 그 말의 의미를 정확히 모르지만, 이러다가 큰일 날 듯한 불안을 느낀다. '나는 왜 이것밖에 안 되지?' 하는 마음이 들 때 자존감은 떨어진다. 어깨가 좁아지고 고개가 떨구어진다. 말수가 없어지고 자신감이 사그라든다. 친구에게도 당당히 가서 "우리 같이 놀까?"라고 말하지 못하고 모기 같은 목소리로 "놀아주면 안 돼?"라고 말하게 된다. 심지어 작은 초콜릿이나 사탕을 주면서 부탁하기도 한다.

위축감은 친구, 교사, 더 나아가 다른 사회적 관계로 확장된다. 뭔가를 부탁하고 위축된다는 것은 '을'의 위치에 있음을 의미한다. 상대의 요구에 순응해야 하는 위치 말이다.

만약 어린 시절부터 욕구를 말하는 것이 서툴렀고, 대신 순응하는 방식을 택했다면 시간이 갈수록 수동성은 더욱 커질 수 있다. 순응하는 사람에게 상대는 보통 "성격 좋네"라고 표현한다. 순응을 잘하는 사람에게 주는 달콤함 칭찬이다. 하지만 그동안 순응하던 이가 조금만 자신의 목소리를 내려고 하면 상대는 돌변해서 비난하기 일쑤다.

"저것 봐봐. 저 사람, 알고 보니 착한 게 아니었어."

"저 친구는 좀 뭔가 이상하지 않냐?"

"어머, 왜 저렇게 예민해?"

비난은 점차 정교화된다. 순식간에 비난받는 당사자는 굉장히 이상한 사람, 뭔가 예민한 사람이 되어 있다. 비난은 비수가 되어 가슴에 박히고, 비난받은 사람은 더욱 위축된다.

비난이 만들어지는 교묘하고 끔찍한 메커니즘

나는 상담하면서 내담자의 내면에서 오래된 비난의 메아리가 반복적
으로 재생되는 것을 관찰할 때가 있다.

"난 무능해."

"내 성적을 봐. 내가 뭘 할 수 있겠어."

"이게 얼마나 힘든 건데, 이걸 내가 어떻게 해내겠어."

"내가 게으른 건 사실이잖아."

"나 같은 사람을 누가 좋아하겠어!"

내담자는 이런 유의 비난이 전부 있는 그대로의 사실이라고 생각
한다. 그러나 그 비난은 누군가가 내담자의 약점을 부각시켜 반복 재
생산한 메아리일 가능성이 매우 높다.

늦잠을 잤다는 이유로 당신을 게으르다고 평가하는 사람이 있다
고 치자. 당신 전체가 아닌 일부만 보고 그렇게 규정짓는 것은 부당
하다. 위의 비난들은 얼핏 맞는 것 같지만 가만히 살피면 편견과 거
짓말, 과장이 있음을 알 수 있다.

보통 비난은 인생에서 중요한 사람들로부터 시작되는 경우가 많
다. 일례로 "나 같은 사람을 누가 좋아하겠어!"라는 생각이 든다면 그
말은 "너 같은 사람을 누가 좋아하겠어!"라는 누군가의 비난에서 시
작되었을 가능성이 높다. 그리고 그 비난은 당신이 가장 소중하게 여

기는 부모, 교사, 친구, 동료, 연인 등이 했을 것이다.

비난한 그 사람이 잘못한 것이다

비난의 말은 칼보다도 매섭고 아프다. 언젠가 나는 왕따 사건으로 청소년들을 상담한 적이 있다. 가해자 학생은 반복적으로 "냄새난다"라는 말로 피해자 학생을 괴롭히고 왕따를 주도했다. 그 사건으로 피해자는 우울증 약까지 먹고 있었다.

내가 먼저 만난 가해자는 문제가 없다는 식이었다. 가해자는 "냄새나는 걸 냄새난다고 하지 뭐라고 해요"라며 뻔뻔하게 굴었다. 그다음으로 만난 피해자는 전혀 아무런 냄새가 나지 않는데도 자신에게 냄새가 난다고 여기고 있었다. 심지어 목욕을 하루에 두 번씩이나 한다고 했다. 가해자의 비난 메아리가 유령처럼 피해자를 따라다니는 중이었다. 학교 생활에서 피해자가 겪었던 상처는 이루 말할 수 없었다. 다른 학생들이 근처에서 이야기 나누는 모습만 봐도 자기한테 냄새가 나서 그런가 하는 염려를 했고, 이 때문에 친구를 사귀는 게 어려웠다. 결국 피해자는 학교를 자퇴하고 말았다.

상담 중에 나는 피해자가 안도할 수 있도록 조금도 냄새가 나지 않는다고 수십 번은 말해주었다. 피해자가 "선생님, 저한테 냄새가 나나요?"라고 계속 물어보았기 때문이다.

세상에는 아무런 잘못을 하지 않은 사람에게 이유 없이 비난과 악담을 하는 이가 있다. 당연히 이유 없이 비난당한 사람은 잘못이 없다. 비난한 사람이 잘못한 것이다.

비난 메아리가 들려오면 반박하고 부정하고 맞서라

잘못된 비난을 받았다 해도 당신이 떳떳하고, 모든 일과 관계가 잘되고 있는 상황이라면 무심코 넘길지 모른다. 인생이 밝은 태양 앞에 있을 때 비난의 메아리는 숨을 죽인다. 그러다 인생에 어두운 밤이 찾아올 때 슬그머니 힘을 발휘한다. 소중한 사람과 이별했을 때, 실직했을 때, 어떤 일에 실패했을 때, 배신을 겪었을 때 조용히 "거봐, 내가 뭐랬어"라며 다가온다.

과연 비난의 메아리에는 어떻게 대처하면 좋을까? 그 목소리가 틀렸다고 반박하는 것이 가장 좋은 방법이다. 비난 메아리에 정면으로 맞서 그 목소리가 타당하지 않다고 하라. 그리고 남의 부탁을 때로는 거절해도 된다. 그것은 이기적인 행동이 아니라 자신을 챙기는 행동이다.

당신이 잘못된 것이 아니라 비난하는 사람이 잘못되었다. 메아리가 잘못된 것이다. 어깨를 펴고 메아리를 정면으로 응시하라. 그리고 당당하게 반박을 해보자.

"지금 그 비난은 틀렸어."

자기 이해

관계성

상담심리학 분야에는 빅 파이브^{Big-Five}라는 성격 검사가 있는데, 가장 과학적으로 신뢰 받으며 타당한 성격 검사 중 하나로 꼽힌다. 이 검사는 '우호성', '개방성', '성실성', '외향성', '신경증'이라는 다섯 가지의 척도로 구성되어 있다.

그 가운데 우호성은 타인을 존중하고 공감과 배려를 잘하는 성향을 의미한다. 우호성이 높다면 인간관계를 중요하게 생각하는 '관계 중심적'인 사람이다. 이른바 사람을 좋아하는, 사람을 중시하는 타입이다. 의사결정을 할 때, 일할 때 등등 삶을 살아갈 때 늘 남을 고려하는 편이라고 할 수 있다.

관계 중심적인 사람의 특장점 vs 문제점

관계 중심적인 사람은 타인을 인정하고 존중하는 좋은 역량이 있다. 또한 대인관계 안에서 갈등이나 위기가 발생할 때, 어떻게 이를 풀어야 할지를 잘 안다. 평화주의적 성향도 크며, 타인에 대한 공감력과 배려심이 높아 여러 사람에게 협력할 수 있는 자질이 있다. 그리고 의사결정을 할 때 관계를 많이 고려한다. 직장에서도 일보다 관계를 더 중시한다. 가정에서도 식구들을 돌보려는 경향이 높다. 자신이 먹고 싶은 것이 있어도 다른 구성원들이 더 좋아하는 것이 있다면 웃으며 그 음식을 먹으러 간다. 기꺼이 그렇게 하는 까닭은 상대의 감정을 잘 읽어내고 공감하는 능력이 있어서다.

사람과 공감하는 것은 매우 좋은 능력이다. 그러나 세상에는 이와 반대로 공감력이 떨어지는 사람이 있다. 이런 사람은 자신에게 호의를 베푸는 이를 만만하게 여기거나 이용하려 든다.

문제는 관계성 높은 사람은 항상 해왔던 방식대로 모두에게 잘 대해준다는 데 있다. 남이 상처를 줄 때 오히려 자신이 더 호감을 보여주지 못한 결과라며 자책하기도 한다.

앞서 살펴본 압박감이나 비난을 겪었다고 모두가 착한 아이 콤플렉스를 갖지는 않는다. 같은 환경, 상황이어도 어떤 사람은 부당함에 저항하고 굉장한 분노를 표현한다. 관계에서 완전히 철수하여 자신만의 삶을 구축하는 경우도 있다. 그러나 관계 중심적인 사람은 인간관계를 삶에서 가장 우선순위로 두기 때문에 압박감과 비난에 시달리더라도 오히려 타인을 배려한다.

공감력 높은 그 사람은 왜 왕따가 되었을까?

한 관계 중심적인 내담자가 친구들로부터 극심한 따돌림을 겪고 나를 찾아왔다.

따돌림을 겪을 때는 세 가지 양상이 있다. 첫째, 자신이 따돌림을 겪는지 미처 모르고 있다가 나중에야 알고 상처받는 경우다. 둘째, 따돌림을 빠르게 눈치채고 적극적으로 대처하는 경우다. 셋째, 따돌림을 눈치채도 별다른 대응을 하지 않고 묵묵히 견디는 경우다.

내담자는 이 중 세 번째에 속했다. 내담자는 자신이 서서히 왕따를 겪고 있다는 것을 알았음에도 전혀 적극적으로 대처하지 않았다. 누군가가 자신이 하지도 않았던 말을 그럴듯하게 포장해 퍼뜨린다는 것을 알았음에도, 친구들의 눈빛이 평소와 다른 것을 명백하게 알아차렸음에도 따돌림을 참아냈다.

왜일까? 내담자는 인간관계에 대한 민감해서 따돌림 신호를 금방 발견했다. 그러나 너무나 관계적인 사람이라 단호하게 대처할 수가 없었다. 뿐만 아니라 자신을 따돌린 주동자가 얼마 전까지 가장 친한 친구였던 것이 가장 큰 이유였다.

내담자는 그 친구에게 서운했지만 사랑하는 마음이 컸다. 자신이 그 친구를 믿고 아끼는 만큼 그 친구도 마찬가지일 거라고 믿었다.

그러니 그 친구는 적당히 자신을 괴롭히다가 그만 둘 거라 생각했다. 타인을 배려하는 능력이 오히려 약점이 되어버린 것이다.

압박감과 비난에도 공감력 높은 아이는 견디기만 한다

이와 비슷한 사례는 부모 자식 간에도 자주 볼 수 있다. 어떤 부모는 자신이 못 이룬 욕망을 아이에게 전가하여 대신해주기를 바란다. 내면의 불안을 아이에게 쏟아내는 부모도 있다. 아이를 이용하거나 학대하는 부모마저 있다. 이런 일을 겪을 때 관계성 높은 아이는 부모에게 대항하지 않고 심리적 고통을 묵묵히 견딘다. 오히려 언젠가 자신의 노력을 알아줄 것이라 생각하고 더 부모에게 잘한다. 압박감과 비난이 반복될 때 어떤 아이는 반항아로 자란다. 그러나 관계성 높은 아이는 문제의 원인이 자신에게 있다고 여겨 더 노력해야 한다고 다짐한다. 그래서 학원도 열심히 다니고, 부모가 부부싸움을 하면 분위기 메이커를 자처하며, 어린 동생도 돌본다. 심지어 집 청소까지 열심히 한다.

　그러나 노력하면 과연 상황이 나아질까? 언제까지 부당함을 참아낼 수 있을까? 결국 이 아이들은 마음속에 '억울함'이란 상처를 갖게 된다.

　내가 착한 아이 콤플렉스를 앓고 있는 이들을 만나보면서 느낀 것은 그들이 정말로 높은 관계성을 가지고 있다는 점이다. 그들은 남에

자기 이해

관계성과 공감력이 높은 아이는 때로 부모의 불안에 영향을 크게 받아
착한 아이 콤플렉스를 앓는다.
작품 및 작가 정보: ⟨Children's Afternoon at Wargemont⟩(1884),
Pierre-Auguste Renoir(French, 1841-1919).

착하기만 했던 나의 내면을 이해하다

게 우호적이고 공감하고 배려하는 능력이 있기에 부당한 일을 겪어도 언젠가 친구가, 연인이, 가족이 자신의 마음을 알아줄 것으로 생각한다. 하지만 산이 높으면 골이 깊은 법이다. 높은 관계성 때문에 그들은 버거운 짐을 지면서 그만큼 억울해하고 서운해하며 슬퍼한다.

참으며 생긴 억울함을 풀어내는 방법

관계성 높은 내담자는 상담 시간에 공통점을 보인다. 자신이 화를 내야 할 상황에서도 관계 중심적 태도로 상대를 이해하려 애쓴다는 것이다. "그 친구는 바빠서 그런 걸 거예요." "에이, 제가 시간 많다고 했거든요. 그래서 그랬던 거겠죠!" 이렇게 해도 도저히 상대가 이해가 안 되면 마음속에 드는 불편한 감정을 억압하고 누르려 든다.

그럴 때면 나는 그 분노가 매우 타당하다고 이야기한다.

"저였다면, 친구의 냉정한 모습에 정말 화가 났을 것 같습니다."

내가 이런 말을 하면 관계성 높은 내담자는 여태껏 한 번도 그런 말은 못 들어봤다는 듯 깜짝 놀란다. 그러고선 착하게만 사느라 잊었던 억울한 상처를 떠올리며 눈물을 흘리기도 한다. 그다음에는 여태껏 겪어온 부당함, 괴로움, 소외감, 외로움을 하나씩 꺼내놓는다. 내담자는 충분히 화내고 감추었던 속내를 털어놓으면서 속이 시원해졌

자기 이해

다고 한다. "오랫동안 속에 묵혀왔던 덩어리를 내뱉은 것 같아요"라고 표현한 사람도 있다.

만약 당신이 인간관계 안에서 착하게 행동하려고 애썼고, 그래서 그만큼 부당한 일을 겪었는가? 그것은 억울한 일이다. 아마도 당신이 그랬던 것은 상대를 그만큼 생각해주었기 때문일 것이다. 그러나 스스로가 먼저 자신을 챙기지 않는데, 누가 당신을 챙기겠는가! 당신이 화가 난 것은 잘못된 일이 아니다. 당신이 유달리 성격이 예민한 것도 아니다. 그럴 만했다. 억울하다는 감정이 올라온다면 그만큼 억울한 상황이었던 것이다.

과거에 그런 억울함을 경험했다면 이제 스스로를 보듬으며 말해주자.

"충분히 화날 만한 상황이었어."

정리 노트

인간관계에서 내면의 목소리를 밖으로 내지 못하는 착한 사람들이 있다. 이 유형이 참고해야 할 것이 바로 착한 아이 콤플렉스다. 착한 아이 콤플렉스는 크게 세 가지 요소로 형성된다.

> 첫째, 오랜 시간 이어져온 무의식적인 '압박감'이다.
> 둘째, 그 압박감을 견디지 못했을 때 어김없이 쏟아졌던 '비난'이다.
> 셋째, 높은 '관계성'이다.

압박감과 비난이 타인에게서 형성된 외부적 요소라면, 관계성은 인간관계를 고려하는 내부적 요소다. 관계성은 사람의 성격이자, 사람에 대한 기대이자, 세상을 바라보는 창구다. 누군가가 당신을 압박하고 비난해왔는데도 반격하지 않았다면 그만큼 관계를 고려했고 또한 인정받고 이해받고 싶었기 때문이다.

물론 인간관계를 단호하게 매듭짓지 못하고 휘둘리는 경향이 있는 사람이라고 해서 모두가 착한 아이 콤플렉스로 규정할 수는 없다. 그리고 착한 아이 콤플렉스란 있느냐, 없느냐 이분법적으

자기 이해

로 나눌 수 있는 것이 아니다. 이런 경향성은 스펙트럼에 가깝다. 지금까지 남의 부당한 요구를 당당하게 거절하지 못하고 계속 끌려가는 성격적 특성이 어떻게 환경과 상호작용하면서 발전하는지를 확인했다. 즉, 인간의 내면을 수직적으로 깊게 들어가 살펴본 것이다.

2장에서는 상대를 이해하는 데 주안점을 두겠다. 다양한 인간의 군상을 탐색하면서 타인과 이상하게 불협화음을 일으키는 인간관계의 요소를 살펴볼 것이다.

2장

타인 이해

: 나를 유독 힘들게 했던 상대를
살펴보다

보편적으로 가장 힘든 인간관계 유형들의 특징을 알면
자신과 거리를 두어야 하는 관계,
현명하게 잘 지내야 하는 관계를 구분할 수 있다.

불편하다는 것은
거리 두기가 필요하다는 신호

사람은 홀로 살아갈 수 없다. 그렇기에 인간관계는 본래 좋은 것이다. 인간관계 없이 살아갈 수 없는 사람은 없다. 우리는 관계 안에서 태어나서 성장하며 다양한 사람과 관계를 하고 관계 안에서 눈을 감는다.

그러나 좋지 않은 인간관계가 분명 존재한다. 인간관계는 양날의 검과 같아서 가장 큰 힘을 주기도 하지만 가장 많은 힘을 **뺏어가기도** 한다. 가장 기쁘기도 하지만 가장 슬프게 하기도 한다. '삶에서 모든 의미를 잃어버렸을 때 가장 사랑하는 이의 눈동자를 살펴보라'는 말이 있다. 이렇듯 어떤 사람에게 인간관계는 삶을 살아가게 하는 의미가 된다. 하지만 반대로 어떤 사람에게는 인간관계가 살아가는 데 해를 끼친다. 심지어 삶의 의미를 잃게 만든다. 그래서 특정한 사람 탓에 직장 생활이 힘들면 커리어가 중단되고 경제적으로 어려워질 것이 뻔한데도 그만두기도 한다.

힘든 관계라면 한 걸음 뒤로 물러나라

모든 인간관계를 이분법적으로 나눌 수 있는 것은 아니다. 성격이 쾌활해서 주변에 긍정적 에너지를 주지만, 때로는 선 넘은 농담으로 남의 기분을 상하게 하는 사람도 있다. 취미가 비슷하고 대화도 잘 통하지만, 때로는 지나치게 의존적 경향을 보여서 부담스러운 사람도 있다. 이런 경우는 서로의 좋은 측면들은 함께하되, 서로의 그림자적 요소에 대해서는 거리를 두는 것이 현명하다.

나는 착하게 살아오느라 상처받았던 많은 사람을 상담하면서 그들과 잘 맞지 않거나 해를 입히는 사람의 특성을 다수 발견했다. 임상가로서 알고 있는 기본적 지식을 토대로 그중 가장 현저한 특성을 보이는 유형들을 네 가지로 체계화시켰다.

첫째, 차갑고 관계 욕구가 낮은 '얼음형'이다.
둘째, 자기애적인 '나르시시스트'이다.
셋째, 경계가 없는 '집착형'이다.
넷째, 공감력 제로인 '소시오패스'다.

타인 이해

이들 네 가지 유형은 어떤 사람에게 특정 유형이 두드러지게 나타날 수도 있고, 복합적으로 나타날 수도 있다. 당신이 누군가와의 관계가 특히 힘들다면 이 유형들을 잘 참고해보라. 그리고 각 유형별로 제시한 대처 방안을 삶에 적용해보자.

마지막으로 당부하겠다. 정말 인간관계 때문에 힘들고 인생이 꼬이기 시작했다면 과감히 상대와 거리를 두라. 이것이 인간관계 문제를 해결하는 데 가장 효과적인 처방이다.

차갑고 관계 욕구가 낮은 얼음형

세상에는 키가 큰 사람이 있고, 작은 사람이 있다. 머리카락이 금발인 사람이 있고, 흑진주처럼 까만 사람이 있다. 우리 중에는 유달리 관계 욕구가 큰 사람이 있고, 관계 욕구가 적은 사람도 있다. 1장에서도 언급했듯 관계적인 사람은 타인을 존중하고 협조를 끌어내고 시너지를 낼 수 있기에 많은 사람과 사랑을 주고받는다.

이런 관계 중심적 태도가 강한 사람이 이상하게 말려 들어가는 유형이 있다. 모두와 잘 지낼 것 같은 높은 관계성이 오히려 독이 되는 경우다. 상대는 바로 지나치게 관계 욕구가 적어서 무뚝뚝하기까지한 냉정해 보이는 사람으로, 이른바 '얼음형'이다.

얼음형은 관계성이 높은 사람과 달라도 너무 다르다

왜 이런 사람이 상극일까? 관계 중심적인 사람에게 무뚝뚝한 면모는 매력적으로 느껴진다. 다른 사람과 달리 자신을 주목하지 않기에 더 끌린다. '까칠녀', '까칠남', '차도녀', '차도남'이라는 말에는 호락호락 하지 않다는 말과 반전 매력이 있을 것이라는 이미지가 있다. 그래서 묘한 끌림을 느낀다.

조지 R.R. 마틴이 쓴 《얼음과 불의 노래》라는 소설은 북미에서 선 풍적인 인기를 끌면서 드라마로도 만들어져 국내에도 꽤 알려진 작품이다. 이 소설의 제목에 주목해보자. 얼음과 불은 상극인데 이 둘이 노래를 부른다니! 모순과 조화가 담긴 절묘한 문구다.

이처럼 언뜻 보면 잘 어울리지 않는데 묘하게 어울리는 것들이 많이 있다. 배트맨과 조커, 지킬 박사와 하이드, 헐크와 브루스 배너 박사, 슈퍼맨과 렉터와 같은 가공의 인물들은 모두 각자의 대극적 상대가 있다. 영웅과 악당이 있어 그 작품의 매력은 배가 된다. 그리고 엄청난 부자와 가난한 이의 사랑 이야기는 오래전부터 반복 재생되어 온 상투적이지만 인기 많은 이야기다. 또 유명 애니메이션 〈톰과 제리〉의 두 주인공도 마찬가지다.

그런데 현실에서는 어떨까? 나는 많은 사람의 아주 가까운 친구나 연인을 탐색하면서 서로의 관계 욕구의 수준이 크게 차이가 나는 것을 발견할 때가 있다. 그리고 그 점 때문에 사람들 간에 엄청난 갈등이 일어나는 것도 많이 목격한다.

가공의 세계와 현실의 세계 사이에서는 틈이 존재한다. 과연 얼음이 불과 만나면 함께 노래를 부를 수 있을까? 실제로는 얼음은 불을 만나자마자 그 고고하고 단단했던 형체를 송두리째 잃어버린다. 불은 얼음을 만나면 그 활활 타오르는 열정을 잃고 차가운 잿더미가 되어버린다. 또한 배트맨은 계속 자신을 골탕 먹이는 조커 탓에 화병이 걸릴지 모른다. 제리는 자신을 잡아먹으려고 매일 쫓아오는 톰 탓에 트라우마에 걸릴 지경일 것이다.

"그 사람 성격 좀 바꿔주세요"는 불가능한 희망

관계 안에서 서로 다르다는 것이 반드시 나쁜 것만을 의미하지는 않는다. 그리고 다름을 서로 조율하는 것, 더 나아가 조화롭게 만들어가는 것은 인간관계에서 중요한 과제다. 나는 상담에서 성격이 많이 다른 부모와 자녀, 연인, 부부, 친구들이 서로의 다름을 수용하고 화해하거나, 장기적으로 관계를 성공적으로 이어나가는 것을 무수히 목격했다.

오히려 사람들 사이의 다른 측면들을 적절히 조화롭게 만들면 더 큰 시너지가 나기도 한다. 그러나 이 과정은 엄청난 양의 에너지가 소모되기에 결코 쉽지 않다. 더구나 서로가 많이 다르다면 그것은 정말 어려운 일이다.

타인 이해

"선생님, 제발 그 사람 성격 좀 바꿔주세요."

상담에서 내담자들이 가장 많이 이야기하는 것 중 하나가 바로 이 것이다. 내담자는 상담실에 있지도 않은 남편을, 아내를, 아이를, 부모님을 바꿔달라고 내게 간절히 요청한다. 하지만 내가 앞에 있는 당사자도 아닌, 아예 만나보지도 못한 사람을 어떻게 바꾸겠는가!

무엇보다 사람은 변화하기가 어렵다는 점이 문제다. 특히 성격적 측면은 정말 바뀌기 어렵다. 어떤 사람은 아예 불가능하다고 하지만, 임상가로서 사람들의 변화를 목격하곤 하는 나는 가능하다고 본다. 물론 그 변화는 아주 장기간에 걸친 점진적이고 작은 변화에 가까우며, 완전히 딴사람이 되는 변화는 결코 아니다.

관심받고 싶어 하는 사람은 왜 냉정한 사람에게 끌릴까?

어느 날 한 대학생이 냉정한 같은 과 동기 때문에 마음이 불편하다며 상담실을 찾았다. 내담자는 동기에게 화가 난다면서도 더 가까워지기 위해서 어떻게 해야 할지를 물었다. 내가 이야기를 들어보니 동기는 다른 사람에게는 긍정적으로 대하고 농담도 하지만, 내담자에게는 그다지 마음을 열고 있지 않았다. 그렇다고 해서 동기가 내담자에게 적의를 가지고 있다는 증거 역시 어디에서도 발견할 수 없었다.

이와 같은 예는 정말 무수히 많다. 매우 친근한 성격이라 많은 사람이 그를 좋아하는 이가 있다고 하자. 하지만 모든 사람이 그를 좋아하는 건 아니다. 그 사람에게 관심 없는 사람도 있기 마련이다.

어떻게 해야 내담자가 바라듯 나에게 관심 없는 사람의 마음을 돌릴 수 있을까? 참으로 어려운 일이다. 그리고 굳이 그렇게까지 노력해야 할지도 의문이다.

그런데 왜 내담자가 자신에게 관심 없는 동기에게 신경 쓸까? 한마디로 무뚝뚝하고 냉정한 사람에게 끌리고 있는 양상이다. 그것은 관계적인 사람이 가장 두려워하는 무엇인가를 무뚝뚝하고 냉정한 사람이 가지고 있기 때문이다. 바로 '거절감'이다. 무뚝뚝하고 냉정한 사람은 그렇게 생각하지 않을지도 모른다. 무뚝뚝하고 냉정한 태도를 취하는 것이 일부러가 아니라 그냥 자연스러운 것일 수 있다. 거절이 아니라 무심함일 수 있다는 소리다.

우리가 살다 보면 모든 일에 신경 쓸 수는 없는 노릇 아닌가? 하지만 관계적인 사람에게는 상대의 무뚝뚝하거나 냉정하거나 무심한 태도, 표정, 말 한마디가 전부 마음에 걸린다. 그런 것들이 거절과 똑같은 의미로 받아들여진다. 거절감은 분노로 바뀌고, 그리고 숨겨진 애정 욕구를 활활 타오르게 해서 더욱 상대에게 집착하게 된다.

원래 냉정하고 덤덤할 뿐, 당신을 싫어하는 게 아니다

우리는 일반적으로 우리에게 관심 있는 사람과 깊은 관계를 맺으며

타인 이해

잘 지내려 한다. 그런데 가까운 관계에 있는 사람인데도 이상하게도 우리에게 관심이 없을 때가 있다. 이런 경우, 만일 당신이 상대에게 관심을 받고 싶거나 받아야 한다고 생각하면 문제가 발생한다.

내게 상담을 요청한 한 여성이 시부모님에게 너무나 큰 거절감을 느낀다고 속내를 털어놓았다. 가족과 이번 명절에 먼 거리를 운전해서 찾아뵈었는데 며느리인 자신만 손님 같다고 했다.

결혼 초기에는 시부모님이 "며느리도 자식"이라고 했었다. 그러나 어느 순간부터 말뿐인 듯했다. 본인이 느끼기에 시부모님은 자식과 손주는 끔찍이도 아꼈지만 며느리인 자신은 그렇지 않았다. 서운하기도 했으나 내담자는 이를 내색하지 않고 시부모님에게 집착하듯 더 잘하려 애썼다.

친구들은 내담자를 이해하지 못했다. "시부모님이 딱히 뭐라고 하시는 것도 아니고 그저 친자식처럼 대해주시지 않는다고 서운하다니…. 오히려 간섭하지 않으시니 다행이지 않니?"라고 했다.

관계 욕구가 높은 사람은 거절감을 조심해야 한다. 시부모님은 내담자가 신경 쓰는 관계적 맥락에 별 관심이 없거나, 예전에 말한 "며느리도 자식"은 그저 형식적인 표현이었을지 모른다. 시부모님의 진짜 자녀는 실제 갓난아기 때부터 키운 남편이다. 그들은 무수한 세월과 수많은 경험을 함께했다. 그러나 내담자는 그렇지 않다. 게다가 혈육을 유달리 중시하는 사람이 있다. 그런 사람은 혈육에게는 굉장한 집착을 보이지만 혈육 이외의 사람에게는 놀랍도록 무심하다.

여러 가지를 고려하면 내담자는 시부모님에게 거절당하는 상황이

◆

어떤 사람은 원래 냉정하고 덤덤한 성격이라
인간관계를 친밀하게 맺는 것에 그다지 관심이 없다.
작품 및 작가 정보: 〈The Orange Trees〉(1878),
Gustave Caillebotte(French, 1848–1894).

타인 이해

아니다. 애초부터 시부모님과 며느리 사이에는 건널 수 없는 강이 있다. 아프지만 냉정한 사실을 받아들여야 한다. 만약 그러지 않고 내담자가 집착한다면 더욱 큰 거절감을 느끼게 된다.

우리가 누군가에게 관심을 투여하는 일에는 에너지가 든다. 더욱이 우리에게 관심 없는 이에게 관심을 투여하는 일에는 훨씬 더 많은 에너지가 든다.

어떤 사람이 자신에게 전혀 관심을 보이지 않는 이성에게 오기가 생겨 열심히 구애하기 시작했다. 상대는 책만 좋아하고 세상일에는 신경 안 쓰는 스타일이었다. 열 번 찍어 안 넘어가는 나무는 없다고 과연 노력한 결과 두 사람은 사귀게 되고 결혼까지 했다. 이야기가 해피엔드로 끝났을까? 천만에! 결혼 뒤에도 배우자의 무심한 태도는 별로 바뀌지 않았다. 알고 보니 '밀고 당기기'를 했던 게 아니라 원래 무미건조한 성격이었다.

관계적인 사람은 연락이 잘되는 친구보다 연락을 무시하는 친구에게 많은 관심을 보인다. 더 관심받고 싶고 인정받고 싶은 욕구가 있어서다. 언젠가는 노력을 알아주겠지라는 생각에 계속해서, 혹은 평생을 잘해준다. 그러나 안타깝게도 무심한 친구는 그 노력을 알아주는 않는 경우가 허다하다.

이처럼 관계적인 사람 입장에서는 마음을 열지 않은 사람이 아직 뜯지 않은 선물 상자처럼 여겨진다. 그 사람의 마음을 열면 뭔가 환상적인 것이 나오리라 착각하기도 한다. 그러나 명심하자. 애쓰고 노력해서 열었는데 그냥 '꽝'일 수도 있다.

얼음형에게 어떻게 대처해야 할까?

당신이 관계 욕구가 큰 사람이라면 관계 욕구가 작은 사람에게 지나치게 관심을 기울이기보다는 더 좋은 관계에 집중하는 것이 현명하다. 시부모님이 당신에게 관심이 없다면 친부모님에게 더 신경 써라. 친구가 당신에게 관심이 없다면 당신에게 호의적인 친구에게 집중하면 될 일이다.

아직 그리 가까운 관계가 아니라면, 관계 욕구가 큰 사람일수록 관계 욕구가 작은 사람이 당신에게 대하듯 하는 것이 훨씬 마음이 편할 것이다. 그 사람의 마음을 돌이키는 전략이 아니다. 오히려 당신 안에 있는 그 사람에 대한 강한 집착을 흘려보내는 것이다. 만약 어떤 사람이 묵례만 하고 지나간다면 당신도 굳이 아는 척하며 말을 걸지 말고 묵례 정도만 해라. 모임에서 당신에게 잘 다가오지 않는 친구가 있다면 당신도 굳이 다가가지 말라. 당신에게 호의적으로 다가오는 친구, 당신이 다가갈 때 환대하는 친구와 함께하면 된다. 이렇게 집착을 흘려보내면서 사람에 대한 지나친 관계 욕구를 조절하자.

다만 이것이 관계의 단절을 의미하는 '손절'은 아니다. 단절한다는 것 역시 역설적이지만 또 다른 관계 욕구다. 손절에도 에너지가 많이 들어간다. 누군가를 손절할 만큼 강하게 관계를 끊는다는 것은 소외감이나 서운함은 물론, 애정 욕구도 있는 것이다. 그러니 손절은 원래 가까운 사람에게만 할 수 있다.

그런데 벌써 냉정하고 무뚝뚝한 사람과 가까워졌다면 어떻게 하

타인 이해

면 좋을까? 장기적으로 볼 때 그 사람의 관계 욕구에 서서히 균형을 맞추어 지내도록 한다. 당신이 하루에 문자를 자주 보내는 편이라 해도 상대가 두어 개 정도 보낸다면 문자 수를 줄여라. 또한 최대한 그 사람에 대한 심리적 에너지를 줄이고, 보다 당신에게 인정과 애정 욕구를 주는 사람에게 심리적 에너지를 이동시키는 것이 좋다. 빈 공간이 생겨야 또 다른 관계가 들어올 공간이 생긴다.

자기애적인
나르시시스트

한 남성이 있었다. 그는 강의 신인 아버지와 강의 님프*인 어머니 사이에서 태어났다. 아이가 태어난 후 어머니는 예언자를 찾아 아이의 운명을 물어보았다. 예언자는 아이가 자신의 얼굴만 보지 않으면 오래 살 것이라고 했다. 왜 얼굴을 보지 말라고 했을까? 아이의 얼굴이 히드라**처럼 추악했기 때문에? 아니, 반대로 얼굴이 너무나 아름다웠기 때문이다.

아이는 자라 어느덧 16세 미소년이 되었다. 그런데 불행하게도 그

---

*　　　그리스 로마 신화에 등장하는 자연의 정령.
**　　　그리스 로마 신화에 나오는 뱀. 머리가 여러 개인데 머리 하나를 자르면 그 자리에 새로 머리 두 개가 생기는 괴물이다.

　　　　　　　　　　　　　　　　타인 이해

는 우연히 호수에 비친 자신의 모습을 보고야 말았다. 그는 황홀감을 느꼈다. 자신의 모습과 사랑에 빠져버린 것이다. 그리고 호수에 비친 아름다운 모습을 붙잡으려 애쓰다가 호수에 빠져 익사하고 말았다. 그 사람의 이름은 나르키소스Narcissus다.

'스스로에게 애착을 갖는 것', '본인에게 빠져 있는 것'이라는 의미인 '나르시시즘Narcissism'은 바로 나르키소스의 신화에 유래되었다. 나르시스Narcissus는 나르키소스의 영어식 표현이다.

나는 나를 사랑하고, 너도 나를 사랑해야 해

요즘 나르시시스트에 대한 관심이 뜨겁다. 매체나 영화, 책 등에서도 이에 대한 분석이 넘쳐난다. 전에 없던 현상이다. 나르시시스트가 화제가 된 것은 사회적으로 나르시시스트가 많이 있고 이들이 타인에게 부정적인 영향을 끼친다고 알려지면서부터다.

그런데 나르시시즘이 자신을 사랑하는 것이라면 왜 문제일까? 자기애 자체는 좋다. 자신을 사랑하는 것은 당연히 권장되어야 한다. 그러나 정도를 넘어 자신만 최고여야 하고 자신만 사랑받아야 한다는 식의 자기애는 문제가 된다. 여기서 자신이 존중받아야 한다는 인식이 문제되는 것은 아니다. 남은 무시하는 사람이 남으로부터 존중받으려는 태도가 문제다. 자신을 많이 사랑하는 것이 문제가 아니라 자신만 많이 사랑받아야 한다는 것이 문제다. 나르시시스트는 '나도 나를 사랑하고, 너도 나를 사랑해야 한다'는 잘못된 생각을 갖고 있다. 건강한 자기애를 갖는 사람과 나르시시스트는 다르다.

언뜻 나르시시스트는 멋지고 대단해 보인다. 그들은 아름다움, 찬란함, 끝없는 성취감을 추구한다. 사회에서 성공한 나르시시스트는 옷매무새부터 행동거지, 말솜씨까지 모두 유려하다. 하지만 그다지 성공하지 못한 나르시시스트라면 어떨까?

나르시시스트인 한 드라마 보조 작가가 있다고 가정해보자. 입사한 지 한 달 정도 되었을 무렵, 그가 잠시 참여한 작품이 넷플릭스에서 대박이 났다. 친구에게 그는 이렇게 자랑한다. "그 작품, 내가 다 썼잖아. 그래서 잘된 거야." 그 드라마가 넷플릭스에서 대박 나고, 자랑스러운 K드라마가 된 건 자신이 잘 썼기 때문이라고 과장한다. 이런 거짓말과 과장은 법적인 선을 넘은 것은 아닐 수 있어도 도덕적으로 비난받을 수 있다.

왠지 그 사람만 만나면 기가 빨려 피곤해진다

나르시시스트의 가장 큰 문제는 관계적 방식이 매우 착취적이라는 것이다. 나르시시스트는 겉으로 화려하고 크게 성공했으며 매력적으로 보이기에 주위에 사람들이 모인다.

그러나 나르시시스트의 인간관계 방식은 마치 흡혈귀와 같다. 나르시시스트는 다른 사람의 자기애를, 에너지를 모두 빨아들여서 자

나르키소스는 호수에 비친 자신의 얼굴에 반한 그리스 로마 신화 속 인물이다.
심리학에서 나르시시스트는 남에게 상처를 주는 유형이기도 하다.
작품 및 작가 정보: 〈Narcissus and Echo〉, Placido Costanzi(Italian, 1702–1759).

나를 유독 힘들게 했던 상대를 살펴보다

신을 부풀리고 더욱 커 보이게 한다. 그럼으로써 상대는 더욱 초라하게 만든다.

어느 작은 회사의 직원들 여덟 명이 점심 식사에 거래처 직원 은지를 초대했다. 은지는 전형적인 나르시시스트다. 다 같이 편하고 자유롭게 세상 돌아가는 이야기도 하고 개인적인 이야기도 나누었다. 그때 한 사람이 얼마 전 새로 산 명품 지갑을 자랑했다. 다들 디자인이 멋지다고 칭찬하기 시작했다.

이때 은지는 상당히 불편함을 느꼈다. 왜냐하면 지금 이 순간 자신이 주인공이 아니기 때문이었다. 그래서 상대의 지갑을 칭찬하되, 얼른 자신의 명품 가방과 지갑 이야기를 슬쩍 흘렸다.

> "사실 명품이라는 게 지갑과 가방은 같은 브랜드를 써줘야 하는
> 거죠. 그렇지 않으면요…."

은지는 가방과 지갑을 자랑하는 동시에 상대를 뭉갰다. 지갑을 자랑하던 사람은 지갑을 슬그머니 평범한 가방에 넣으며 창피함을 느꼈다.

잠시 뒤 다른 직원이 연인과 싸워서 속상하고 배신감이 들었다는 이야기를 꺼냈다. 모두가 그 사람의 억울함에 공감하고 안타까워하며 사연을 들었다.

그러자 은지는 또다시 불편해졌다. 좋은 것이든, 안 좋은 것이든, 사람들의 주목이 다른 사람을 향하는 게 싫었다. 그래서 갑자기 자신

타인 이해

의 연애사를 늘어놓았다.

"저는 애인이 가장 친한 친구랑 바람을 피워서 헤어졌어요."

눈물을 흘리며 충격적인 이야기도 했다. 애인의 바람이 이번이 처음이 아니라 벌써 세 번째란다. 그중 가장 마지막은 자신의 가장 친한 친구가 바람의 상대였단다. 너무나도 놀라운 이야기라 모든 사람의 주목이 다시 은지에게 집중되었다. 사람들은 몰랐으나, 물론 이이야기는 은지가 꾸며낸 거짓말이었다.

드디어 점심 식사를 마쳤다. 식당을 나온 뒤 거래처 직원들과 은지는 헤어졌다. 그런데 사무실로 돌아온 여덟 명의 직원들은 왠지 기가 빨린 듯했다. 너무 피곤한 나머지 오후 업무에 집중하기가 힘들 정도였다.

나르시시스트를 구분하는 세 가지 질문들

당신 주위에 나르시시스트가 있는지를 파악하고 싶다면 다음 세 가지 사항을 점검해보라.

- 왠지 그 사람하고 있으면 그 사람의 무대에 선 들러리가 되어버리는가?

- 더 나아가 그 사람과 만나면 에너지를 **뺏긴** 것 같은 느낌이 드는가?
- 그 사람은 화려한 언변으로 끊임없이 이야기하지만 듣다 보면 지루하고 심지어 화가 나지 않는가?

눈치챈 사람도 있겠지만 이 질문들은 나르시시스트가 상호작용을 원하지 않는다는 특징이 있음을 보여준다. 대신 다른 사람을 들러리로 만든 뒤 에너지를 모두 **빼앗아만** 온다.

나르시시스트는 스스로를 대단한 사람이라고 포장하기도 하고, 웅대한 비전을 이야기하기도 한다. 눈물까지 흘리면서 말할 때도 있다. 자세히 들여다보면 허무맹랑한 구석이 많지만, 이야기를 듣는 사람 안에 마침 결핍이 있다면 그럴듯하게 들릴뿐더러 때로 나르시시스트가 구세주처럼 보인다. 나르시시스트는 사람들이 갖고 있는 결핍을 찾아내는 데 천부적인 소질이 있다.

그리고 당신이 나르시시스트를 대단하게 여기고 있다면, 그것은 훌륭한 사람 옆에 있으면 덩달아 훌륭한 사람이 되는 것처럼 느끼는 심리에 불과하다. 무엇보다 나르시시스트의 성공한 듯 보이는 인상, 찬란해 보이는 것, 웅대해 보이는 것은 모두 지나치게 과장되어 있거나 가짜에 불과하다는 점을 명심해야 한다.

타인 이해

남들의 추앙을 필요로 하는 나르시시스트의 속내

나르시시스트는 뺏는 데는 누구보다 능숙하지만 나누는 것에 대해서는 놀랍도록 인색하다. 나르시시스트는 오직 자신만 찬탄해주기를 바란다. 성공해서 돈이 많은 나르시시스트를 아는가? 혹시 그가 당신에게 한몫 준다고 하는가? 조심해라. 솔직히 그는 당신에게 뭔가를 줄 생각이 전혀 없을 가능성이 높다. 그 말은 당신을 현혹하는 미끼에 불과하다.

한번 곰곰이 생각해보자. 나르시시스트가 진정으로 자기애가 많다면, 왜 다른 사람의 찬탄과 인정이 필요하겠는가? 자신이 이미 엄청난 부자라면, 왜 다른 사람에게 부자인 것을 자꾸 확인받으려 하겠는가? 자신이 정말 괜찮은 사람이라면, 왜 자신이 괜찮은지를 끊임없이 확인받으려 하겠는가? 나르시시스트는 자기애가 많지 않은 정도가 아니라 사실 자기애가 가장 취약한 사람이다.

나르시시스트는 필요할 때는 남에게 잘해준다. 밥도 사고 물건도 준다. 그러나 상대가 이용 가치가 없다고 판단하면 냉정하게 가차 없이 돌아선다.

나르시시스트는 평생 자신을 도와주었던 사람이라 할지라도 찾아와 작은 부탁을 할 때 거절을 매우 잘한다. 자신을 도왔다는 사실을 굳이 기억하지 않기 때문이다. 나르시시스트는 자신을 부단히 도왔던, 그리고 지금은 도움이 필요한 상대를 똑바로 바라보며 오만한 표정으로 이렇게 말하기 쉽다.

"아니, 왜 내가 당신을 도와야 하죠?"

나르시시스트가 가족이라면 어떨까? '그루밍Grooming'이라는 용어가 있다. 한마디로 '길들인다'는 뜻이다. 길들이는 사람 중에는 다른 사람에게 실질적으로 피해를 주는 경우도 있고, 실질적으로 피해를 주지는 않는 경우도 있다. 후자가 바로 정서적 그루밍이라 할 수 있는데 나르시시스트가 가족이라면 여기에 해당하는 사례가 많다.

이런 경우, 자신이 얼마나 대단한지에 대해 많은 이야기를 하지만 상대에게는 칭찬 한마디가 없다. 어떤 부모는 아이에게 본인이 얼마나 훌륭하고 대단한지 한참을 떠들고선 이렇게 타박한다. "그런데 너는 누구를 닮아서 그 모양이니?"

배우자 중에서도 그런 사람이 있다. 자신은 칭찬하고 배우자는 비난한다. "난 돈도 이만큼 벌고 이 모든 걸 훌륭하게 이뤄놨어. 그런데 당신은 도대체 뭐 하는 사람이야?"라고 말이다.

이처럼 나르시시스트는 자신에 관해 이야기할 때는 얼굴이 한없이 밝으나, 다른 사람에 관해서는 소스라칠 정도로 차갑고 냉정한 시선을 보낸다. 아무리 가족끼리라 해도.

무엇보다 나르시시스트는 관계에서 손해를 입힌다. 이는 경제적 피해도 될 수 있겠지만 심리적 피해가 더 크다. 상대와 있으면 통제되고 조종되며 무시당하는 느낌을 지속해서 받는다면 그것이 바로 관계에서 손해를 발생시키는 것이다.

나르시시스트에게 현실 지적은 절대로 금물!

나르시시스트의 실체를 들추면 혹시 정신을 차릴까? "넌 거짓말쟁이 이고 이기적인 존재야"라는 식으로 일깨워주는 것이다. 더 세게 "사실 넌 능력 없잖아. 난 네가 산 차가 네 말과 달리 외제차가 아니라는 걸 알고 있어"라는 폭로를 한다면 어떨까? 애정 어린 조언과 솔직한 지적에 마음을 고쳐먹지 않을까?

전문가로서 조언하건대 절대 그러지 말라! 앞서 말했듯 나르시시스트는 자기애가 많은 것이 아니라 오히려 적다. 겉으로는 자존감이 매우 높아 보이지만, 사실 자존감이 매우 취약하다. 마치 개구리가 아래턱의 주머니를 부풀리듯 남들 앞에서 자신을 크게 보이려고 할 뿐이다. 그러니 초라한 본래 민낯을 들추어버리면 엄청난 수치심을 느끼고 만다.

수치심은 모멸감을, 모멸감은 분노를 토해낸다. 가장 아픈 부분이 노출되어서다. 이를 '자기애적인 분노Narcissistic Rage'*라고 한다. 나르시시스트는 겉보기에는 정서가 굉장히 발달하고 유쾌한 것 같지만 자아가 단단하지 않기에 깊은 심층 감정을 느끼기 어렵다. 죄책감, 슬픔, 수치심과 같은 아픈 감정 말이다.

수치심은 인간의 가장 아픈 감정 중 하나다. 그런 나르시시스트가

---

*　　　 정신분석적 용어로 자신의 자기애가 상처를 받거나 손상을 입을 때 나타나는 분노. 보통 대상에 의해 상처받거나 상실을 겪을 때, 내재화된 강한 분노가 공격성과 함께 대상에게 표출된다.

다른 사람의 비판과 팩트 지적을 수치심으로 느낄 가능성이 크다. 지금껏 했던 모든 행동이 취약한 자기애를 숨기려고 그토록 애쓴 것이기 때문이다.

나르시시스트에게 어떻게 대처해야 할까?

무대 위에서 스포트라이트를 받아 빛나는 사람이 있다면, 같은 시각 무대 뒤 어둠에 묻힌 사람도 있기 마련이다. 당신은 누군가와 있으면 자꾸 자신과 비교하는가? 그는 멋지고 똑똑하고 부자며 인기도 많은데 당신은 그렇지 않다고 느끼는가? 당신의 비교의식 때문에 그럴 수 있다. 혹은 그가 지나치게 자랑을 하고 있어서일 수 있다. 아니면 그가 당신의 에너지를 흡수하여 그만큼 본인을 부풀리고 있어서 그럴지도 모른다. 바로 그가 나르시시스트인 경우다.

과연 나르시시스트를 만났을 때 어떻게 대처하면 좋을까? 무엇보다 빼앗긴 것을 다시 찾아야 한다. 존중받고 싶은 욕구를 빼앗겼다면 다른 곳에서 채우면 된다. 당신을 진정으로 존중해주는 사람을 옆에 두라. 인정받고 싶은 욕구를 빼앗겼다면 당신을 인정해주는 다른 사람과 함께하라.

당신이 말하기를 즐기는데도 병풍처럼 누군가의 이야기만 들어야 해서 답답하고 속상했다면, 다른 사람을 만나 당신 이야기를 나누어 보라. 정말 속상하고 힘들 때 가까운 사람에게 속 이야기를 하면 그

타인 이해

것만으로도 위로받을 수 있다. 그리고 주변에 좋은 사람을 더 구축하도록 한다. 지지적인 이로운 관계와 상호작용을 하면서 떨어진 자존감을 세우자.

좋은 사람과 대화할 때는 당신이 지금까지 삶을 살면서 잘했던 일, 괜찮았던 일을 이야기해보자. 상대의 인정과 칭찬은 무너진 자존감을 회복하는 데 도움을 준다. 그리고 집에 돌아오면 거울을 보고 이렇게 말해보자.

"내가 이건 잘했었네. 난 괜찮은 사람이야."

상처를 주는 유형 ③

경계가 없는
집착형

트로이 전쟁을 마친 영웅 오디세우스는 고향으로 돌아가기 위해 뱃길에 올랐다. 그러다 지중해 연안을 지날 때 사이레눔 스코풀리Sirenum Scopuli라는 작은 바위섬이 가까워졌다. 그 섬에는 세이렌Siren이 살았다. 세이렌은 감미로운 목소리로 노래를 불러 선원을 유혹한 뒤 잡아먹는 괴물이었다.

오디세우스는 항해 전부터 이 사실을 알았기 때문에 선원들의 귀를 밀랍으로 막고 자신은 몸을 배에 묶었다. 하지만 막상 이곳을 지날 때 오디세우스는 세이렌의 노래에 홀리고 말았다. 그는 자신을 풀어달라고 외치고 발버둥쳤으나, 다행히 선원들이 밀랍으로 귀를 단단히 막고 있어서 그의 말을 듣지 못했다. 덕분에 이들 일행은 무사

타인 이해

히 섬을 지나갈 수 있었다.

그리스 로마 신화 속 세이렌은 우리 가까이에도 있다. 녹색 스타벅스 로고 속 여성이 바로 세이렌이다. 세이렌은 우리를 카페로 유혹한다. 감미로운 커피 향, 따뜻한 불빛, 차분한 분위기 속으로. 다행인 것은 현대의 세이렌은 5천 원 정도의 통행료만 받고 따뜻한 커피와 함께 우리를 순순히 보내준다.

기업이야 이윤을 추구하니까 이 정도로 만족하지만 만약 이 세이렌이 사람이라면 어떨까? 유혹은 좋아 보여야 당한다. 그런데 세이렌과 같은 '경계가 없는 집착형'(이하 '집착형')의 유혹은 다르다. 오히려 집착형은 다른 사람의 도움이 필요한 모습으로 당신을 유혹한다.

유혹에는 크게 두 가지가 있다. 굉장히 탐스러워 보여서 유익을 줄 것 같은 유혹이 있고, 또한 연민을 불러일으키는 유혹이 있다. 전자가 "내가 아주 좋은 것을 줄게"라며 욕망을 자극한다면, 후자는 "나를 도와주세요"라며 연민을 불러일으킨다. 이 중 집착형의 유혹은 후자에 더 가깝다.

당신이 집착형에 대한 연민에 사로잡혀 앞뒤 재지 않고 뛰어들었다가는 그들의 고통과 불안에 잠식되기 십상이다. 물에 빠진 사람을 건져주려 했는데 알고 보니 그 사람은 육지로 올라가려는 것이 아니다. 그 사람은 세이렌처럼 팔을 당겨 당신을 수장시키려 한다. 그렇게 당신 삶은 난파될 수 있다.

◆

세이렌은 아름다운 목소리로 선원들을 유혹해 잡아먹는 그리스 로마 신화 속 괴물이다.
인간관계에서 세이렌은 '경계가 없는 집착형'으로 비유된다.
작품 및 작가 정보: 〈Ulysses and the Sirens〉(Circa 1909),
Herbert James Draper(English, 1864-1920).

타인 이해

온갖 구실로 남까지 구렁텅이로 이끄는 세이렌처럼

진영이 아침에 카톡을 열었더니 조금 알고 지내는 친구 은우가 프로필을 업데이트한 게 눈에 띄었다. 몇 번 저녁 모임에서 만나 이야기 했을 뿐인 사이인 데다가 연락을 안 한 지가 오래되었다. 그런데도 은우 프로필에 눈길이 가는 이유는 그만큼 프로필을 자주 업데이트 해서다. 진영이 무심코 클릭하자 굉장히 밝은 모습의 사진이 보였다. 문구도 '최고의 하루'라고 써 있었다.

그날 밤 카톡을 켰는데 그새 은우가 프로필을 다시 바꾼 것이 보였다. 이번에는 어두운 사진이었다. 문구도 아침과 달리 '최악의 하루. 모든 희망이 사라졌다'고 적혀 있었다. '무슨 일이지? 혹시 잘못된 선택을 하는 건 아니겠지?'라고 생각하던 진영은 불안한 마음에 은우에게 톡으로 연락을 했다. 그랬더니 바로 전화가 왔다. '갑자기 전화할 정도로 우리가 가까웠나?' 하고 의아해하는 진영에게 은우는 울먹이면서 자신이 얼마나 어려운 상황인지를 말하기 시작했다. 회사를 그만두려고 한단다. 더군다나 여자 친구에게 배신을 당했다고 한다. 엎친 데 덮친 격으로 어떤 오해로 친한 친구들이 등을 돌렸다고 한다.

그런 이야기를 듣자 진영은 은우가 불쌍하게 느껴졌다. 통화가 길어지기 시작했다. 한두 시간이 흘렀을까, 은우가 말했다. "진영아, 네가 내 가장 친한 친구야."

그 이후로 은우는 진영에게 자주 전화했다. 인간관계를 맺은 수준을 넘어 진영의 삶 깊은 곳에 은우의 삶이 비집고 들어왔다. 삶의 경계가 무너지고 평온한 일상이 불안으로 뒤덮이기 시작했다. 진영은 점점 불편해졌다.

이제 은우는 시도 때도 없이 때론 밤늦게도 전화를 해왔다. 전화를 못 받으면 문자로「보면 바로 연락을 달라」고 했다. 진영은 은우가 너무 부담스러운 나머지 문자를 확인하기조차 두려워졌다.

한번은 밤에 온 연락을 모른 척 넘어갔는데, 다음 날 일찌감치 연락이 왔다. 은우는 "어떻게 네가 그럴 수 있냐?"고 비난을 퍼부었다.

이 사례 속 은우는 전형적인 집착형이다. 집착형의 가장 큰 무기는 '자기 처벌적 메시지'다. 이 메시지는 언뜻 자책인 것 같지만 자세히 보면 타인에 대한 공격이다. 본인을 해하는 동시에 가까이 있는 사람을 죄책감에 시달리게 하는 특성이 있다.

"그래, 미안해. 나 같은 사람은 죽어야지."
"내 연락처는 지워버려. 어차피 내겐 남은 사람도 없어."

이런 자책에 질려 조금 물러서면, 집착형은 다른 카운터펀치를 날린다. 바로 비난이다.

"네가 그럴 줄 몰랐어."
"됐어, 내 문제는 내가 해결할게. 너도 다른 사람과 똑같아."
"너 참 이기적이다."

타인 이해

비난을 들으면 당신은 죄책감을 느낀다. '그래, 물에 빠진 사람을 그냥 두다니 안 될 일이지.' 어느새 비난에 굴복해 다시 그 사람의 삶과 얽힌다.

이 같은 집착형이 연인이라면 어떨까? 그야말로 삶이 뒤죽박죽되고 만다. 집착형은 상대의 감정을 쥐고 뒤흔든다. 잔잔했던 바다에 사나운 파도가 일듯 사람의 감정도 일렁이게 된다.

주변까지 힘들게 하는 집착형의 핵심 감정은 불안

집착형의 핵심 감정은 불안이다. 불안하면 누군가를 붙들려고 한다. 잡힌 사람은 숨이 턱 막힌다. 불안은 타인에게로 전이되는데, 상대는 조이는 것 같은 압박감을 느끼고 경직되기 마련이며 삶의 자율성이 사라진다.

이런 사람은 가족 중에도 있을 수 있다. 그러나 사랑이라는 이름으로 통제하기 때문에 그 행동을 잘못된 것으로 인식하기가 어렵다. 설사 의심을 하다가도 "사랑해서 그런다", "너 잘되라고 그런다"고 하니 순응하게 된다.

나는 상담실에서 지나치게 불안해하는 초등학교 2학년 아이 재석을 만난 적이 있다. 처음에는 ADHD*인가 했지만 살펴보니 아니었다. 그렇다고 학대나 방치를 당했던 것도 아니었다. 도대체 재석이 느끼는 불안이 대체 어디서 온 것일까? 상담이 끝날 무렵 재석의 아빠를 만나자, 나는 비로소 재석의 강한 불안이 이해되었다.

재석의 아빠는 빠르게 내게 몇 가지를 요청하더니 시간이 없다며 다급하게 자리에서 일어났다. 그 순간, 그의 불안이 나에게도 전해졌다. 가슴이 꽉 막히는 듯했다.

헐레벌떡 상담실 문을 나가던 아빠는 재석을 재촉했고 재석은 황급히 아빠를 뒤따랐다. "너는 정신을 어디 두고 있니? 아빠가 가면 얼른 일어나야지." 자리에서 일어나 문을 나서는 짧은 시간에도 재석은 엄청난 불안으로 가득한 잔소리를 듣고 있었다. 재석을 불안하게 하는 범인은 가까이에 있었다.

"넌 도대체 뭐가 문제니? 왜 이렇게 오줌을 싸? 동네 창피하다."
"그 정도 학원은 다른 아이들도 다 다녀."
"아빠가 말하는데 또 아무 대답도 안 해? 무슨 문제라도 있니?"

또 다른 부모 이야기다. 내담자 진경은 엄마에게 완전히 질려 있었다. 진경의 엄마는 어린 시절부터 자기 뜻대로 자식을 키웠다. 진경은 엄마의 못다 이룬 성취를 위한 마리오네트였기에 조금만 어긋나도 엄마로부터 엄청난 비난을 겪었다. 화가 난 적도 많았지만 진경은 예민하고 여린 엄마가 불쌍하게 여겨져 차마 화를 낼 수가 없었다.

*　　　주의력결핍 과다행동장애(Attention Deficit Hyperactivity Disorder)의 약칭. 아동기에 많이 나타나는 장애로, 지속적으로 주의력이 부족해 산만하거나 과다한 활동, 충동성을 보이는 것이 특징이다.

타인 이해

그렇다면 엄마는 자식에게 진심으로 관심이 있었던 걸까? 그렇지 않았다. 사실 엄마는 진경이 정작 필요로 하는 것에 대해서는 놀랍도록 차가웠다. 진경이 좋아하는 것에 대해 쓸데없다며 단칼에 거절하고 차단했다. 엄마는 자기 감정에는 너무나 예민하지만, 상대의 감정에는 놀랍도록 둔감한 사람이었다.

자식이 성인이 되었어도 엄마는 여전했다. 어느 날 진경은 독하게 손절하겠다고 마음먹고 엄마의 전화를 받지 않았다. 엄마는 자식이 처음으로 단호한 행동을 하니 크게 놀랐다. "네가 어떻게 그럴 수 있니?"라며 자식은 그러면 안 되는 거라고 타박했다. 그래도 진경이 눈하나 깜짝 안 하자, 엄마는 태도를 바꾸어 호소하기 시작했다. "나는 널 키우느라 이제 다리도 아프고, 몸도 아프다. 그런데 네가 날 버리다니 모든 희망을 잃었다."

경계가 없는 집착형 부모는 미워하기가 쉽지 않다. 그들은 지나치게 나약하고 취약하다. 그들은 관심 좀 달라고, 사랑해서 그런다고 한다. 자식 때문에 희생했다고도 한다. 자식 입장에서는 이게 사랑인지, 통제인지, 침범인지 분간하기가 어렵다.

주의해야 할 집착형의 무서운 면면들

집착형은 건강한 인간관계를 맺기 힘들다. 누구보다도 사람을 필요로 하지만, 불안 때문에 아무나 붙들고 있어야 해서 그렇다. 상대가 느끼기에 처음에는 따뜻할지 모른다. 그런데 알고 보면 사우나실에 들어간 것처럼 숨이 막힐 정도로 뜨겁다. 이제는 그만 놓아달라고 해도 절대 풀어주지 않는다. 그런 상태로 있다 보면 집착형이 도움을 요청할 때마다 그를 위해 움직여야 할 것 같은 압박감이 든다.

그런데 도움을 요청하는 사람에게 적절한 도움을 주는 것이 왜 문제일까? 도움이 필요하다는데 매몰차게 거절하는 게 오히려 너무한 것이 아닐까? 아니, 그렇지 않다. 집착형이 바라는 것은 도움이 아니다. 사람 그 자체다. 취업 정보를 찾는 일, 어려움을 겪는 인간관계에 대한 조언, 건강 문제를 해결하기 위한 적절한 병원 소개나 스트레칭 정보 공유 등은 핑계에 불과하다. 그 사람이 원하는 것은 바로 상대 자체다.

그러므로 아무리 어떤 대처 방법, 해결책을 알려준다고 해도 집착형의 요구는 끝나지 않는다. 도움을 준 이후, 취업을 하거나, 인간관계가 풀리거나, 건강이 회복될 수 있다. 하지만 집착형의 문제는 도무지 끝나지 않는다. 또 어떤 문제가 생기고야 만다. 그러고선 다시 그 사람에게 집착한다.

왜 집착형은 남에게 집착하는가? 집착형은 강에 빠져 익사하기 직전에 있는 사람처럼 불안하다. 그래서 지푸라기라도 붙드는 것이다. 더군다나 그 불안은 해결되지 않고 계속되므로 집착형은 절대 놓을 수가 없다.

만약 어떤 사람이 힘든 상황이라 오히려 집착형에게 도움받아야 한다면 어떻게 될까? 집착형은 상대를 돌보면서 서서히 그의 삶을

타인 이해

파고든다. 그들은 상대가 취약할 때 심리적 경계를 거침없이 넘는다.

그러다 상대가 나아져 스스로 걸을 수 있게 되어 도움을 그만 받아도 된다고 하면, 집착형은 분노를 느낀다. 이제 걸을 만하니, 돈을 버니, 괜찮아지니 배신한다며 비난한다. 자신이 그동안 상대한테 어떻게 해주었는지를 읊어댄다. 상대가 "내 시간이 필요하다"고 하면 집착형은 "당신은 본인만 아는 이기적이고 배은망덕한 사람이다"라고 한다. 상대가 자율성을 주장하는 것을 집착형은 자신을 떠나는 신호로 여긴다.

비난에도 불구하고 상대가 집착형의 도움을 거절한다면 엄청난 결과가 닥칠 수도 있다. 이와 관련한 우화가 하나 있다.

어느 닭들의 집 앞에 다리를 다친 까치가 신음하고 있었다. 닭들은 까치를 집으로 데리고 와 정성스럽게 치료해주었다. 시간이 지나 까치는 건강을 회복했고 조금씩 날 수 있게 되었다. 그런데 닭들은 까치가 난다는 말만 들으면 "우릴 배신하려고?"라며 화를 내더니 급기야 발에 족쇄를 채웠다. 까치가 이에 저항하자 아예 날개를 부러뜨리려고 들었다.

이처럼 심한 경우에 집착형은 상대가 스스로 성장하는 토대를 없애려고까지 한다. 경제적 이득을 위해서가 아니다. 단지 상대를 자기 곁에 머물게 하기 위해서다. 이야기 속 까치처럼 날지 못하게 하려는 것이다. 자신처럼 영원히 이곳에서 땅을 보고 사는 닭이 되라는 것이다. 집착형이 무서운 이유가 여기에 있다.

집착형에게 어떻게 대처해야 할까?

앞서 소개한 이야기를 떠올려보자. 항해를 떠난 오디세우스는 왜 세이렌이 사는 섬을 지날 때 애초부터 밀랍으로 귀를 막지 않았을까? 호기심이 생겼기 때문이다. 물론 그는 본인의 의지를 과신하지 않아서 선원들에게 당부했다. 자신을 꽁꽁 묶은 뒤 아무리 소리쳐도 절대 풀어주지 말라고. 다행이지만 아찔하기도 하다. 애초부터 선원들과 함께 귀를 막았다면 더 좋았을 텐데 말이다.

집착형과는 애초부터 가까워지지 않는 게 상책이다. 인간관계는 자신을 충분히 지키는 수준에서만 유지가 가능하다. 어떤 사람과 인간관계를 맺으면 자신이 사라지는데, 과연 그와 같은 인간관계가 가능할까?

그런데 만약 집착형이 이미 당신과 가까운 사이라면 어떻게 하면 좋을까? 도저히 거절할 수 없는 사람이라면 어떻게 하면 좋을까? 이럴 때는 그 사람에게 한계를 명확히 알려주어야 한다. 연락을 조금씩 줄이고 "나는 당신 외에 다른 사람도 만나야 한다"고 이야기하고, 실제로 그래야 한다. 해결하기 벅찬 것은 어렵다고 말해야 한다.

이처럼 상대를 아예 떠난 것은 아니나 영원히 머물 수만은 없음을 관계 안에서 보여주도록 한다. 그래야 집착형도 서서히 모든 것을 당신과 공유하려는 집착적인 태도를 누그러뜨리고, 대신 집착하던 에너지를 다른 사람에게, 혹은 다른 방식으로 사용한다. 이것이 삶의 경계를 세우는 첫걸음이다.

타인 이해

사람은 무릇 다양한 이들에게서 관계 욕구를 채워야 한다. 오로지 한 사람에게서만 모든 것을 채우려고 하면, 그때부터 서로에 대한 기대와 환상이 무너지기 마련이며 비극이 시작된다.

이에 관련한 좋은 비유가 있다. 우주와 블랙홀 이야기다. 블랙홀은 뭐든지 빨아들인다. 블랙홀의 중력은 매우 강해서 행성과 항성은 물론 빛까지 삼켜버린다. 우주에는 이토록 무서운 존재가 있는데도 우리가 살고 있는 지구는 안전하다. 어떻게 그게 가능할까? 우주가 블랙홀의 영향력을 상쇄할 만큼 넓어서다. 그만큼의 공간이 있다는 소리다.

당신이 혹시 블랙홀 같은 집착형에게 끌려가는 상황이라면 당신의 공간을 확보해야 한다. 또한 여분의 공간에는 다양한 사람이 있어야 한다. 서로가 인간관계의 장을 넓히고 이런저런 사람들을 만나고 각자가 자신의 삶을 꾸려나가야 모두에게 좋다. 강조하건대 인간관계에서 '합일合—'은 불가능하다.

만약 당신의 울타리가 무너져 있다면 한 발자국만 뒤로 물러서자. 그리고 울타리를 보수하자. 자신을 돌보고 자신의 공간을 갖자. 그렇게 인간관계에서 적절한 경계를 만들어라.

당신이 원하지 않는데도 상대가 계속 다가온다면 그만하라는 신호를 명확히 보내야 한다. 상대가 무리하게 무언가를 부탁할 때에는 "네가 그렇게 말해도 지금은 좀 어려워"라고 단호하게 말해야 한다.

예를 들어 밤 11시에 전화가 울린다고 치자. 전화를 받지 않는 것이 좋다. 이와 같이 한 발자국 다가오면 한 발자국 물러서라. 그리고 다음 날 다시 전화나 문자가 온다면 "바빴다"며 둘러대지 말고 정확하게 이야기하자.

> "그때는 내가 잠자리에 든 시간이야. 밤 11시 이후에 전화하면 받기 어려워."

공감력 제로인
소시오패스

절박할 땐 특히 더 조심해야 한다. 동화 〈헨젤과 그레텔〉에서 헨젤은 부모에게 버려진 채 숲속에 동생 그레텔과 함께 방치되었다. 산책로가 잘 정비된 공원 같은 숲이라고 생각하면 오산이다. 남매가 버려진 숲에는 온통 늑대와 같은 포식자로 가득했다.

밤이 오자 춥고 한층 배가 고파졌다. 이윽고 울음이 터진 그레텔은 "오빠, 추워. 나 집에 갈래"라며 떼를 썼다. 죽음보다 더한 절망감이 찾아왔으나 용감한 헨젤은 희망을 잃지 않았다. 어떻게든 어려움을 벗어나려 애쓰면서 동생을 달랬다. "그레텔아, 울지 마. 저 언덕 뒤편에 우리가 몸을 누일 곳이 있을 거야."

남매가 힘겹게 언덕을 넘자 그곳에는 정말 몸이 누일 집이 있었다. 어둠 속에서도 환하게 불이 켜진 집을 향해 아이들은 뛰어갔다.
"저희 좀 도와주세요!"

가까이 가자 놀라운 광경이 나타났다. 그 집은 보통 집이 아니었다. 집 벽면과 창문, 지붕이 과자와 사탕으로 장식되어 있었다. 아니, 장식 정도가 아니라 세상에서 가장 맛있는 과자와 사탕으로 지어진 집이었다.

이상하게도 인기척이 없었지만 멋진 집에 홀린 아이들은 아무런 의심을 하지 않았다. 사실 과자와 사탕으로 집을 짓는다는 것이 가당키나 한가? 하중을 버틸 리가 없다. 녹아 없어질 것이다. 부패하고 부식될 것이다. 설령 어떻게 세워졌다고 해도 개미가 모두 파먹을 것이다. 그러나 조금만 이성적으로 생각해보면 알 수 있을 것을 아이들은 알아채지 못했으며 너무 굶주리고 절박한 나머지 과자와 사탕을 정신없이 먹기 시작했다.

헨젤과 그레텔이 숲에서 만난 과자 집과 마녀의 실체

헨젤과 그레텔 남매가 과자와 사탕으로 지어진 집에 한눈팔았을 때였다. 마녀가 숨어서 아이들을 물끄러미 바라보고 있었다.

마녀는 바로 과자와 사탕 집의 주인이었다. 그렇다면 집 짓기가 부유층인 마녀의 특이한 취미였을까? 진실은 전혀 달랐다. 화려한 과자 집은 모두 가짜였다. 문을 열고 들어가보면 집은 황폐했다. 나무 자재들은 썩어 있고, 먹을 것이라고는 몇 주 전에 요리한 듯한 수프 찌꺼기와 들쥐가 먹고 남긴 정체 모를 빵 부스러기가 전부였다. 밖은 빛났지만 안은 온통 어두웠다. 세상에 진리 중 하나는 지나친 호의에는 함정이 있다는 것이다. 그렇다. 마녀가 만든 과자 집은 겉으로만 그럴듯했다. 그리고 마녀는 아이를 잡아먹는 괴물이었다.

영화나 드라마에서는 사이코패스나 소시오패스*가 어떤 조직의 우두머리거나 상당히 강한 존재로 묘사되곤 한다. 매우 대담해서 누군가와 정면승부를 벌이는 장면도 자주 볼 수 있다. 그러나 실제는 다르다. 물론 사이코패스나 소시오패스는 공격성과 호전성을 다분히 가지고 있기도 하나 공격성을 가장 취약한 존재에게 사용한다. 따라서 그들은 이용할 만한 사람을 정확히 찾아내는 천부적인 눈을 가지고 있다. 동화 속 마녀처럼 말이다.

소시오패스의 눈에는 모든 사람이 호구일 뿐

사람은 누군가가 자신을 지속적으로 도와줄 때 보통 세 가지 반응을 보인다.

* 소시오패스는 아직 정확한 임상 용어는 아니다. 오히려 소시오패스는 사이코패스와 구분되기보다는 사이코패스라는 큰 범주에 포함되는 것이 더 적절하며 임상에서는 '반사회성 성격장애'라는 용어로 부르기도 한다. 이 책에서 내가 진술하는 소시오패스라는 용어는 정확한 임상적 개념이나 학술 용어라기보다 경험적으로 정의한 인간관계에서의 패턴을 묘사한 것이다.

◆

동화 〈헨젤과 그레텔〉에 등장하는 마녀는 소시오패스 유형의 사람이다.
맛있는 과자 집으로 아이들을 유혹해 먹잇감으로 삼는다.
작품 및 작가 정보: 〈Hansel Picked up the Glittering White Pebbles and
Filled His Pockets with Them〉(1920), Arthur Rackham(English, 1867−1939).

타인 이해

첫째, 배려와 도움을 매우 고맙게 생각하는 반응이다. 사회적으로 이런 반응을 보이는 사람은 많으며, 이를 계기로 서로가 가까워지기도 하고 상대는 다시 보답하기도 한다.

둘째, 도움에 별로 감흥을 받지 않고 무덤덤한 반응이다. 예를 들어 간호사가 진심으로 어떤 환자를 간호했다. 그러나 그 환자는 전혀 고마워하지 않는다. 간호사가 성심성의껏 했던 돌봄이 서비스 비용에 포함되어 있다고 생각해서다. 이와 같은 유형이 노인이라면 지하철에서 젊은이에게 자리를 양보받았어도 고맙게 여기기보다 '상대가 다리가 튼튼하니까 일어난 것' 정도로 무감각하게 받아들인다. 혹은 '젊은이는 원래 노인에게 양보하는 것'이라고 생각할 수 있다. 이 유형은 공감력이 조금 떨어질 뿐 소시오패스라고 하기는 어렵다. 또한 우리 사회에는 이 유형이 의외로 많다.

셋째, '이 사람이야말로 내가 찾던 그 사람'이라는 반응이다. 천생연분이냐고? 오히려 반대다. 자신에게 도움을 준 사람에게 그때부터 여러 부탁을 계속하면서 본격적으로 이득을 챙기기 시작한다. 먹잇감을 발견한 것이다. 이 유형이 소시오패스와 매우 가깝다.

언젠가 나는 중학교 폭력 사건의 피해자와 가해자들 모두를 상담한 적이 있다. 피해자는 아무 잘못도 없는데 지독한 괴롭힘을 겪었다. 교사가 이 사실을 알게 되어 학교폭력대책심의위원회가 열렸는데, 가해자들은 하나같이 발뺌했다. 교사가 잘못 봤다고, 쌍방으로 때린 거라고 우겼다.

나는 그중 폭력을 주도했던 가해자 선우를 만나게 되었다. 만나자

마자 선우는 내게 변명을 늘어놓다가 뒤늦게 내가 형사가 아닌 상담 심리사임을 알았다. 그러자 마음이 편안해진 모양이었다. 선우는 엉덩이를 의자에서 쭉 빼며 거만한 자세로 이야기하기 시작했다.

내가 "그 학생의 어느 점이 불편했기에 그렇게까지 했나요?"라고 묻자, 선우는 살짝 웃음을 지었다. 그러면서 말했다. "제가 비밀 하나를 가르쳐줄게요." 선우는 허리를 세우고 상반신을 내 쪽으로 내밀면서 작은 목소리로 웃으며 말했다.

"선생님, 걔는 사실 호구예요."

공감력 제로의 소시오패스는 생각보다 우리 가까이에

선우의 사례로 알 수 있듯 소시오패스의 가장 큰 특징은 바로 '공감력이 없다'는 점이다. 내가 강의 중에, 혹은 상담 시간에 이런 말을 꺼내면 많은 사람이 '나도 혹시…?' 하고 의구심을 품기도 하고 때론 죄책감마저 느낀다. 하지만 이 같은 걱정을 하는 사람은 소시오패스와 가장 거리가 멀다. 소시오패스는 죄책감을 느끼지 않는다. 죄책감은 누군가를 공감할 수 있는 능력에서 생성되기 때문이다.

모든 사람이 자연스럽게 자신을 먼저 챙긴다. 그런데 자신에게 이로운 것을 추구하는 행동과 오직 자신의 것만 이롭게 하려는 행동은 다르다. 더군다나 가능만 하다면 상대의 것까지 빼앗아 자신만을 이

타인 이해

롭게 하는 것은 완전히 이야기가 다르다. 소시오패스는 무언가를 빼앗고 나서 죄책감보다 승리감을 느낀다. 자신이 남보다 우세하고 강하다고 은근히 자랑까지 한다.

놀랍게도 소시오패스는 범죄자 조직 같은 특수한 곳에만 존재하지 않는다. 소시오패스는 주로 평범한 사람들 주변에 있다. 소외 계층을 돕는 단체에서 목청 높여 정의를 부르짖는 리더가 소시오패스일 수도 있다. 이럴 때 그 사람이 주장하는 정의나 주장을 가만히 살펴보면 결과적으로 가장 큰 이익을 얻는 게 본인이다. 가족 모임에서 침을 튀기며 원리원칙을 따지는 사람의 말을 가만히 보면 결국 본인에게 유리한 경우가 있다. 모든 재산은 장남인 자신 것이고, 가장이니까 특권을 누려야 한다는 식의 논리를 교묘하게 돌려 말한다. 가장 대단한 것은 자기한테만 득이 되는 이야기를 하면서도 낯빛 하나 바뀌지 않는다는 점이다.

음료수에서 시간까지, 뻔뻔하게 남의 것으로 이득을 챙기는 친구

소시오패스는 겉으로는 매력적이고 멋지다. 굉장히 성공한 사람처럼 이야기하고 대단해 보인다. 전통적인 가치를 거부하며 충동적이고 무모해 반항아 같다. 이런 이미지가 어떤 이에게는 매우 주체적이고 용감하게 여겨진다. 또한 소시오패스는 거짓말하는 데 능숙하고, 필요하다면 얼마든지 그럴듯하게 꾸며댄다. 그리고 거짓말할 때 양심에 가책을 느끼지 않는다.

이 같은 경향은 나르시시스트와 유사하나 두 유형 사이에는 현격한 차이가 있다. 나르시시스트는 심리적 손해를 입히는 데 능하다면, 소시오패스는 일상생활에서 다른 사람에게 현실적인 손해를 입힌다. 상대 입장에서는 경제적 측면에서, 승진에서, 학업에서 뭔가 당하고 있다는 생각이 든다.

소시오패스가 중요하게 생각하는 것은 언제나 실질적인 이득이다. 그들은 이를 위해 교묘하게 사람에게 접근한다. 여기서 이득은 생활 속의 소소한 손해도 포함한다. 예를 들어 설명해보겠다.

독서 모임을 마치고 난 뒤 미나가 집으로 향하려는데 같은 모임의 멤버인 정민이 다가왔다. 얼굴만 겨우 아는 사이였지만 뜻밖에도 정민은 다정하게 말을 걸었다. "이 모임에 있는 사람들은 수준이 낮은데 딱 한 명만 나 정도 되는 것 같아. 바로 너 말야. 중요한 용건이 있어. 같이 잠시 산책할래?"

정민의 제안에 어리둥절했지만 중요한 용건이라는 소리에 그러자고 했다. 정민은 먼저 방향을 잡더니 걸어가면서 여러 이야기를 늘어놓았다. 걷다 보니 벌써 20분이나 지났다. 미나가 속으로 '중요한 용건은 대체 언제 나오나' 하고 생각하는데 정민이 말했다. "목마르지 않니? 바로 여기 앞에 있는 카페가 밀크티 정말 맛있는데." 미나가 대답하기도 전에 정민은 카페 문을 열고 카운터에 가서 밀크티 두 개를 시키더니 옆으로 비켜섰다. 뒤따라 들어간 미나가 결제할 수 있게 말이다. 얼떨결에 미나는 밀크티 값을 계산했고, 그때 정민은 옆에서

"테이크아웃 해가자"라고 말했다.

카페에서 나와 밀크티를 마시며 잠시 더 걸었는데 정민이 "이제 다 왔다!"고 하는 게 아닌가. 미나가 '무슨 소리지?' 하는 표정을 짓자, 정민은 바로 앞의 건물을 가리키며 "우리 집 다 왔어"라고 했다. 그러고선 "대화 즐거웠고 다음에 또 보자"라더니 건물 안으로 들어갔다. 그제야 미나는 깨달았다. 정민은 혼자 집에 가기가 심심했던 것뿐이다.

이럴 때 항의하면 소시오패스는 오히려 황당해하며 "도대체 뭐가 문제냐"고 되묻기 십상이다. "친구끼리 그 정도도 못 해주느냐 지나치게 예민한 것 아니냐"고도 한다. 심한 경우에는 상대에게 덮어씌우며 "당신이 집에 데려다준다고 하지 않았느냐"며 역정을 낸다. 이에 반박하면 "그렇게 안 봤는데 치사하다"고 비난한다. 소시오패스는 누군가를 착취하고 난 뒤 항의를 받으면 이렇게 대꾸한다.

"분명히 나는 좋았어. 그러니 그게 무슨 문제야?"

거리낌 없이 후배 논문에 무임승차하는 학교 선배

석사 과정에 있는 영수가 논문을 썼다. 그런데 갑자기 박사 과정에 있는 선배 동구가 논문을 다 썼으면 자신에게 이메일로 한번 보내라고 했다. 별생각 없이 영수는 선배에게 논문 파일을 전송했다. 그러자 동구는 영수의 논문을 자신이 거의 다 쓴 것처럼 해서 지도교수에게 보냈다. 영수에게는 한마디 상의도 없이, 허락도 받지 않은 채 말이다. 뿐만 아니라 지도교수 앞에서 동구는 "교수님, 저 그동안 영수 가르치느라 힘들었어요"라고 엄살을 피웠다.

나중에야 동구는 영수를 만나 논문을 교수님께 보여드렸다면서 이렇게 이야기했다. "정말 수고했다. 논문을 투고하자." 영수는 이 말이 왠지 이상해서 선배에게 "그게 무슨 소리예요?" 하고 물었다. 아뿔싸! 동구는 당연히 자신이 논문 저자로 들어가야 한다고 생각하고 있었다. 아니, 왜?

"내가 교수님께 피드백 받았잖아!"

동구의 뻔뻔함에 영수는 기막혔지만 사회적 관계, 본인의 소극적인 성격 등등이 원인이 되어 제대로 대응조차 못 한 채 그냥 동구에게 끌려갔다. 논문을 투고할 때는 게재 신청서에 자신이 1저자니까 그나마 괜찮다며 스스로를 위안했다.

그러나 나중에 논문 심사가 나온 것을 보니 1저자는 동구로 바뀌어 있었다. 동구는 심드렁한 목소리로 "뭔가 오류가 있나 보다"고 잡아뗐다. 영수가 "넌 어떻게 하면 좋겠어?"라고 묻는 동구의 얼굴을 보니 그냥 넘어갔으면 하는 기색이 역력했다. 학회에 논문을 투고한 사람은 영수와 동구, 둘밖에 없다. 그러므로 저자를 정정한 것은 둘 중 하나다. 스스럼없이 거짓말하는 동구를 본 영수의 온몸에 소름이

돌았다.

소시오패스인 동구의 대담함은 매우 놀랍지만 모든 행동은 철저한 계산으로부터 나왔다. 동구는 영수가 감히 자신에게 대항할 수 없을 것이라는 계산을 사전에 하고 난 뒤 접근했다.

얼마 뒤 논문이 나오자마자 동구는 굉장히 이바지한 듯 사방으로 떠벌리고 다녔다. 졸지에 영수는 선배 덕에 논문에 이름을 올린 사람이 되었다. 결국 참다 못해 영수가 항의했다. 그러자 동구는 상당히 짜증 섞인 말투로 말했다.

"야, 논문이 잘 나왔는데 뭐가 문제야. 넌 나 아니었으면 이거 내지도 못했어."

"그렇게 해서 사회생활을 어떻게 하려고 하냐?"

"나에게 잘 보이면 앞으로 좋은 일이 많을 거야."

동구는 너무나도 확신에 차 이런 말들을 했기에 영수의 입장에서는 '혹시 내가 뭘 잘못 생각했나?' 하고 의심할 지경이었다.

소시오패스가 배우자라면? 회사 상사, 혹은 동료라면?

과연 소시오패스와 결혼하게 된다면 어떻게 될까? 소시오패스는 문제 행동을 계속 일으키면서도 배우자에게 도무지 미안함과 고마움을 잘 느끼지 못한다. 적반하장으로 "내 덕분에 이 집이 굴러간다"고 큰 소리친다. 소시오패스의 사랑은 욕망에 가깝다.

백수인 소시오패스 남편은 침대에 누워서 쉬다가 아내가 퇴근해서 집에 들어오면 이렇게 말한다.

"밥 줘! 여자가 밥을 해야지, 그것도 안 해?"

이 말은 모순적이다. 정말 가부장적으로 살고 싶다면 본인은 왜 식구들을 부양하지 않고 놀고먹는가.

직원을 괴롭히고 착취하는 소시오패스 상사가 있다. 그는 직원이 힘들어할 때 정색하며 이렇게 말한다.

"내가 당신을 공짜로 일 시킵니까? 월급 받은 만큼 일하세요!"

이 말은 비상식적이다. 월급에는 괴롭힘에 대한 비용이 들어 있지 않다. 게다가 월급을 주는 건 상사가 아닌 회사다.

소시오패스 회사원이 밥값을 하도 안 내자 다른 동료가 물었다. "왜 점심값을 안 내는 거야? 그동안 그렇게 밥을 여러 번 샀는데도 고맙다는 말 한마디 없고." 그러자 그가 황당하다는 듯이 말한다.

"왜 내가 고마워해야 돼? 내가 밥 같이 먹어줬잖아."

　　　　　　　　　　　타인 이해

이 말은 비정상적이다. 과연 밥을 같이 먹어준 것이 밥값만큼의 가치가 있다고 생각하는 것 자체가 일반적인 사고와 거기가 멀다.

소시오패스에게 어떻게 대처해야 할까?

소시오패스 유형과 있을 때 이상하게 관계에서 말려 들어갔던 까닭은 당신이 '인간다움'을 더 많이 가지고 있어서다. 인간이 가장 위대한 점은 힘이 아니라 누군가에게 공감할 수 있는 능력이다.

소시오패스와는 최대한 멀리 있는 것이 좋겠지만, 당신 의지대로 거리를 조절할 수 없는 상황이라면 자신이 호락호락하게 보이지 않도록 해야 한다. 소시오패스는 끊임없이 약한 상대를 찾는다.

독서 모임을 마친 뒤의 사례로 돌아가자. 미나가 정민과 목적이 불분명한 동행을 하면서 왜 이쪽으로 가는지를 묻지 않는 것부터 잘못되었다. 그리고 중요한 용건이 있어서 이야기를 나누는 거라면 근처 카페에서 하자고 했어야 한다. 상대가 아무리 소시오패스라도 빈틈을 보이지 않게 말하고 행동하면 자기 의도가 들킨 것 같아 겸연쩍어할 가능성이 높다.

이렇게 현명하게 대처하면 어쩌면 정민이 "사실 이쪽이 우리 집 방향이야"라고 할 수도 있다. 그럴 때 굉장히 어이없겠지만 그 감정은 표현하지 않는 것이 낫다. 소시오패스는 공감 같은 감정을 거의 느끼지 못하니 감정에 호소하는 것은 별로 좋은 방법이 아니다.

그럼 어떻게 하는 것이 좋을까? 일단 걸음부터 멈추고 더 가지 않겠다는 태도를 취하라. 그러면서 단호하게 말해야 한다.

"아, 그렇구나. 그럼 여기서 헤어지자. 우리 집은 반대편이거든."

고등학교 동창에게서 갑자기 전화가 왔다. 그간의 안부를 간단히 묻고 나서는 돈 좀 빌려달라고 한다. 연이어 어떤 보험 상품에 가입 좀 해달란다. 황당한 부탁이 이어지니 정신없다. 둘 중 하나라도 들어주어야 할 것 같은 분위기다. 아니, 둘 다 들어주어야 하나? 이럴 때는 아무리 작은 것이라도 들어주지 말아야 한다.

혹시 같은 상황이 상사와의 사이에서 벌어지면 어떻게 하겠는가? 사실 최대한 그런 상황 자체를 아예 만들지 않는 것이 낫다.(이에 대해서는 3장에서 다루겠다.) 물론 상사의 말에 반대하기가 절대 쉽지 않다. 그러나 선을 넘은 것이 확실할 때는 반드시 할 말은 해야 한다. 그렇지 않으면 부탁의 강도가 더 강해지기 마련이다. 소시오패스는 사람을 부리는 데 굉장히 능숙하다.

이럴 때는 솔직히 의사 표현을 해야 한다. 동창이 당신에게 돈을 미리 맡겨놓았는가? 아닐 것이다. 과거에 당신이 크게 빚진 일이 있는가? 그것도 아닐 것이다. 그렇다면 오래전 인연에 너무 연연해하거나 분위기에 휩쓸리지 말고 싫으면 싫다고 하라.

그리고 당신은 직장에 일하러 들어왔지, 누군가의 노예가 되기 위해 들어오지 않았다. 업무와 관련 없는 것이라면, 더구나 부당하기까

142

지 한 것이라면 하기 어렵다고 해야 한다. 단호하게 말이다.

여기서 혹시 상대가 당신과 친해지려고 그런 부탁을 했다고 믿고 싶은 사람에게 다시 한번 당부한다. 정말로 친해지고 싶은 사람은 상대에게 무례한 부탁을 하지 않는다. 그리고 그런 부탁을 한다는 것 자체가 상대를 존중하지 않는 것이다.

되도록 선을 넘는 무리한 부탁을 누군가 해왔다면 처음부터 거절해야 한다. 그렇다고 해서 화내는 것은 금물이다. 어차피 화내는 이유를 공감하거나 이해하지 못할 가능성이 크다. 무리한 부탁에 이렇게 짧고 명확한 메시지를 보내는 건 어떨까?

"저도 시간이 없어서 그건 어려울 것 같아요."

정리 노트

사람은 인간관계 안에서 태어나 성장하며 다양한 사람과 인간관계를 맺고 인간관계 안에서 눈을 감는다. 이렇듯 사람에게는 인간관계는 필수며, 따라서 본래 인간관계는 좋은 것이다. 하지만 인간관계는 양날의 검과 같아서 좋지 않은 인간관계, 즉 상처를 주는 인간관계도 있다.

2장에서는 일반적으로 사람들에게 상처를 주는 인간관계 유형의 특징과 관계 방식을 자세히 살펴보았다. 얼음형, 나르시시스트, 집착형, 소시오패스 등 총 네 가지 유형이다.

- 얼음형: 성격이 차갑고 인간관계 욕구가 낮은 유형.
- 나르시시스트: 지나치게 자기애가 많은 유형.
- 집착형: 인간관계의 경계를 넘어 남에게 너무 기대는 유형.
- 소시오패스: 공감력 제로여서 남에게 쉽게 피해를 주는 유형.

특히 요즘 당신의 삶이 너무나 힘들고 괴롭다면 주위에 혹시 이런 유형의 사람이 있지 않은지 점검해보자. 인간의 가장 큰 고통은 인간관계에서 비롯된 경우가 상당히 많다.

타인 이해

다시 한번 강조하지만 인간관계에서 '적절한 거리 두기'는 정말 중요하다. 네 가지 유형의 사람이 당신에게 무언가를 요구하고 당신의 삶에 깊이 들어오려고 할 때에는 문을 활짝 열어줄지 숙고해야 한다. 만일 아직 관계가 그리 가깝지 않다면 너무 깊은 관계로 발전하지 않기를 바란다.

　그리고 네 가지 유형 외에도 인간관계를 힘들게 하는 유형은 수없이 존재한다. 그런 유형과의 사이에서 벌어지는 다양한 상황 속에서 과연 어떻게 대처해야 할까? 다음 3장에서는 이에 대한 실제적인 대처법을 다루겠다.

3장

불편하고 무례한
사람 대처법

: 유연하게 대처하고 단호하게
나를 지키다

세상의 다양한 인간관계 속에서
우리는 유연하게 대처하고
단호하게 스스로를 지킬 줄 알아야 한다.

작품 및 작가 정보: 〈Hypnotist Directing People to Do Unusual Activities〉(1900),
Donalson Lith. Co.

나는 호의였는데
호구로 알다니…

우리 사회에는 널리 알려진 잘못된 인식이 있다. 할 말을 다 하다가는 학교에서, 직장에서 뭔가 응징을 당하지 않겠냐는 것이다. 그러니 억울해도, 손해를 입어도, 심지어 이용을 당해도 두려움 탓에 '이번에는 내가 참자' 하고 넘어가고 만다.

그러나 나는 지금껏 다양한 자리에서 수많은 사람을 만났지만, 오히려 할 말은 하고 자기주장도 있는 이가 훨씬 더 성공적인 삶을 사는 것을 목격해왔다. 물론 독단적인 것과 자기주장을 하는 것은 다르다. 공격적인 것과 단호한 것은 다르다. 눈치를 보는 것과 친절은 다르다.

당신은 충분히 단호하면서도 다정하게, 자기주장을 하면서도 친절하게 인간관계를 맺을 수 있다. 아니 그래야만 한다고 나는 생각한다. 왜냐하면 당신의 인생에서는 바로 당신이 주인공이기 때문이다.

어떤 아이돌 그룹의 공연이 한창 열리고 있는 무대로 갑자기 관객이 난입했다고 치자. 경호원들이 그 관객을 끌고 무대 아래로 내려가는 것은 당연하다. 이게 바로 자연스러운 이치이지만 생각보다 많은 사람이 인생의 무대를 남에게 뺏긴 채 살아간다.

내 인생의 주인공은 남이 아닌 나!

인생의 무대를 남에게 뺏긴 사람은 항상 남의 심기를 건드리지 않는, 남의 욕구를 채워주는 방향으로 의사결정을 한다. 남을 고려하고 배려해주는 것은 좋은 일지만, 이런 태도와 행동이 도를 넘으면 자칫 주체성과 자유를 잃어버릴 수 있다. 그러다가는 자기 인생의 무대인데도 남을 주인공으로 올리고 정작 자신은 무대 아래에 있는 관객이 되어버릴지 모른다.

그런데 한번 생각해보자. 만약 자기 인생의 주인공이 자신이 아니라면, 대체 누가 주인공이란 말인가? 자기 인생 이야기의 작가와 감독이 자신이 아니라면, 그럼 누가 이 이야기를 만든단 말인가? 자신이 인생의 주인공이 아닌데 어느 누가 그 사람을 주체로 여겨주고 인정하고 존중하겠는가? 자기 인생에서 자신이 엑스트라가, 혹은 관객이 되어버린다면 얼마나 억울한가?

불편하고 무례한 인간관계 대처법

◆

내 인생이라는 무대의 주인공은 바로 내가 되어야 한다.
혹시 나보다 남을 더 생각해주고 배려해주지는 않았는가?
작품 및 작가 정보: 〈Maquettes de Théatre 15〉(1930),
Alexandra Exter(Ukrainian, 1882 – 1949).

유연하게 대처하고 단호하게 나를 지키다

성공적인 삶을 살아가는 사람들 중에는 할 말은 당당하게 하는 사람이 많다. 어떤 이는 이런 사람에게 "당신 생각만 하고 삽니까?" 하고 비난할 수도 있다. 그러나 자기가 자기를 챙기지 않으면 누가 챙기겠는가? 자신이 있어야 상대도 있다. 자아를 잃어버린 사람에게 인간관계가 과연 가능할까?

잘못된 사회적 관습이 여기에 한몫하는 경우가 있다. '착하게 살아야 한다'는 우리 사회를 지배해온 이데올로기는 '착하게만 살아야 한다'로 살짝 바뀌어 많은 사람을 억누르고 있다.

게다가 이를 곧이곧대로 믿고 착하게만 사는 사람이 누군가에게는 약자로 여겨져 표적이 된다. 착한 사람이 '호의'라고 쓰면, 그 누군가는 그것을 '호구'로 읽는다.

당신이 착하게 살아온 사람이라면 부정적으로 말하면 안 된다고 생각해서 남이 어떤 말을 하든 많이 참았을 것이다. 그러나 항상 모든 것이 "예"이거나 "괜찮습니다"일 리 없다. 당연히 "아니오"도 있고 "안 괜찮습니다"도 있다. 자기 목소리를 내는 것이 처음에는 어려울 것이다. 하지만 조금만 지나면, 조금만 반복하면 할 말은 하는 사람으로 거듭날 수 있다. 그리고 그동안 경험하지 못했던 새로운 자유를 경험하게 된다.

이때 당신은 자신의 상황을 객관적으로 판단해보아야 한다. 남으로부터 무례한 대접을 받고 있는지, 더 나아가 공격받고 있는지 등을 말이다. 우리는 무시당하거나 존중받지 못할 때 상처받는다. 만일 착한 사람이라면 이 같은 상처를 한두 번이 아니라 수십, 수백 번 입었

불편하고 무례한 인간관계 대처법

을지 모른다. 상처의 깊이가 크고 강할 때, 표현해야겠다고 마음먹으면 세기가 지나치게 강할 수 있다. 참아온 것이 단번에 폭발하는 것이다. 이런 모습은 사회생활에서 결코 좋게 보이지 않으므로 주의가 필요하다.

자신의 인생 무대에서 주인공이 되어 할 말은 하고 살겠다고 결심했는가? 그렇다면 먼저 마음속 상처를 제대로 들여다보자. 상처의 너비와 깊이가 어느 정도 되는지 정확히 인식할 때 비로소 상대에게 하고 싶은 말을 전할 수 있다. 과도하지 않게, 적절한 표현으로.

유난히 나를 아프게 하는 말이
알려주는 것

누군가로부터 들은 말이 머릿속을 계속 맴돌며 당신을 아프게 할 때가 있다. 그럴 때는 '왜 그 말이 그토록 아팠을까?'를 잘 생각해보아야 한다.

예를 들어 부서에서 회식을 하러 가기로 했는데 상사가 이렇게 말한다.

"오늘 김 대리는 참석 안 해도 돼! 어제 그 프로젝트 보고서 쓰느라 야근까지 했잖아. 일찍 들어가 푹 쉬어."

어떤 사람에게는 이 말이 배려다. 야근에 대해 상사가 보상을 해주는 거라고 받아들인다. 김 대리는 사실 회식이나 저녁 모임이 부담스러워서 어떻게든 안 가려고 했던 적이 무척 많았다. 그래서 아주 좋아하며 집에서 쉴 수 있었다.

그런데 어떤 사람에게는 이와 똑같은 말이 엄청난 거절처럼 들린다. 40대 최 과장의 이야기다. 그는 사무실에서 팀 후배로부터 이런 말을 들었다.

"오늘 과장님은 꼭 오지 않으셔도 돼요. 어제 늦게까지 일하시느라 많이 피곤하시잖아요. 얼른 들어가 집에서 푹 쉬세요."

최 과장이 주위를 둘러보자 팀원들 중 본인만 빼고 모두 20대, 30대 초반이다. 자신은 진작에 승진해야 했는데 그러지 못한 처지다. 일단 최 과장은 "알겠어. 생각해줘서 고맙네" 하고 퇴근했다. 집에 와 퇴근 전 상황을 떠올리니 묘한 소외감이 들고 화도 났다. '과장님은 꼭 오지 않아도 된다'는 말이 굉장히 아프게 들렸다. 최 과장이 그 말을 거절로 받아들였기 때문이다.

이처럼 똑같은 말도 어떤 사람에게는 배려로, 또 다른 사람에게는 거절로 들린다. 특히 거절에 대한 이슈가 있는 경우, 거절에 대한 상처가 있는 경우에 그렇다. 따라서 다른 사람의 말에 거절감이 느껴질 때는 바로 대응하기보다 그 말의 의미를 깊이 생각해볼 필요가 있다. 상대가 어떤 의도로 그 말을 했는지 또한 판별해야 한다.

상대의 말이 배려일까? 아니면 내가 예민한 걸까?

앞선 사례에서 다른 팀원들이 최 과장을 따돌리기 위해서 그 말을 했을까? 어쩌면 그럴 수 있다. 하지만 정말로 최 과장이 피곤할 거라 생각해서 배려하는 의미로 그랬을지도 모른다. 그렇다면 상대의 말은 악의에서 나온 무례한 표현이 아니라 호의에서 나온 배려의 표현이고 친근함의 표시다.

그러므로 어떤 말이, 시선이, 행동이 거슬리고 불편할 때는 다음 문장을 깊이 곱씹어보자.

상대가 과연 나쁜 의도로 반복적으로 그러는가? 만약 그렇지 않다면 나는 그것과 관련된 아픔이 있는가?

전자라면 적절히 대응해야 한다. 그러나 후자라면 상대가 당신을 불편하게 하는 것이 아니라 당신에게 오랫동안 잠재되어 있던 상처가 도져서 그런 것일 수 있다. 그래서 사소한 말에 예민하게 반응한 것이다. 그렇다면 오히려 사람들이 당신을 만날 때 불편하게 느낄지 모른다.

과연 후자에 해당되는지를 어떻게 판단할 수 있을까? 다음 다섯 가지 질문을 스스로에게 해보자. 실제로 내가 상담할 때 내담자에게 던지는 질문들이다.

불편하고 무례한 인간관계 대처법

- 내가 스트레스 상황에 놓여 있어서 상대가 불편하게 느껴지지 않았나?
- 내가 상대를 오해하고 있는 것은 없나?
- 상대가 정말 의도적으로 나를 공격하는 것이 맞나, 아니면 내가 내면에 갖고 있는 심리적 이슈 때문에 그렇게 느껴지는가?
- 상대가 나한테만 그러는가, 아니면 다른 사람 대부분에게도 그러는가?
- 내가 상대와 속 깊은 이야기를 해서 이 문제를 풀 수 있을까?

이 질문들은 당신이 인간관계 상황을 깊이 들여다보게 해준다. 뿐만 아니라 의도는 그렇지 않은데 결과적으로 당신을 불편하게 만드는 사람 혹은 정말로 의도적으로 당신을 깎아내리고 피해를 주는 사람 등에 대해 대응책을 마련할 때에도 이 질문들에 대한 답은 무척 중요하다.

비난에 대항하는 긍정적인 메시지를 셀프로 들려주기

당신이 지금 누군가의 인간관계에서 아픔과 서운함을 느낀다면 그 사람의 말 때문인지, 아니면 내면에 있는 상처가 커서인지를 구분해야 한다. 잘 알아야 잘 대응할 수 있다.

만약 당신에게 상처가 있다면 깊이 들여다보라. 조용하게 자신만의 시간과 공간을 가져보자. 하루 중 늦은 밤이 좋다. 오늘 있었던 대인관계의 사건 중 가장 인상적인 것을 한번 곰곰이 되짚어본다. 그 과정에서 당신이 받은 상처가 있는지, 그렇다면 어떤 생각이 떠올랐는지 점검해본다.

다음은 상처를 받았을 때 마음속에 들 수 있는 부정적인 생각들의 사례다.

> "나는 무시당할 만해."
> "나는 왜 이 모양 이 꼴일까?"
> "난 정말 쓸모없는 인간이야."
> "내 장래는 진짜 어둡구나."

무엇보다 어두운 생각을 반박해보는 것이 중요하다. 부정적인 생각의 근저에는 언젠가 누군가 당신에게 편견과 왜곡을 담아 했던 비난이 숨어 있다. 어쩌면 누군가 당신에게 반복해서 말했을 수도 있다. 그래서 당신은 비난으로 묘사된 당신의 모습을 정말 자신의 모습으로 착각하고 있을 수 있다. 그러므로 반대되는 말을 해보아야 한다.

나는 이 같은 상황에 놓인 내담자에게 화장실의 거울 앞에 마음속에 깃든 부정적인 생각과 반대되는 말을 크게 써놓으라는 처방을 내린다. 다음처럼 말이다.

불편하고 무례한 인간관계 대처법

부정적 생각	긍정적 생각
"나는 무시당할 만해."	"나는 충분히 존중받는 사람이야."
"나는 왜 이 모양 이 꼴일까?"	"이만하면 나는 정말 멋져."
"난 정말 쓸모없는 인간이야."	"나는 훌륭한 재능으로 가득한 사람이야."
"내 장래는 진짜 어둡구나."	"아니야! 앞으로 좋은 일이 가득할 거야."

메아리치는 부정적인 생각을 반박하는 메시지를 스스로에게 선포하자. 화장실은 사적인 공간이다. 아무도 없으니 손을 허리에 올리고 당당하게 해도 괜찮다. 만세를 부르면서 해도 괜찮다. 위축된 몸과 마음에게 그렇지 않다고 반복적으로 말해주자.

다음은 내가 내담자와 함께 연습했던 긍정의 메아리들이다. 이를 참고해서 각자의 상황에 맞는 메시지를 만들어보자.

"나는 존중받기 충분해."
"나는 정말 소중한 사랑을 받고 있어.
"난 분명히 성공할 거야. 왜냐고? 그건 바로 나니까."
"지금까지 정말 잘 왔어."
"그동안 참 많이 애써왔어."
"걱정하지 마, 오늘 자고 일어나면 내일부터는 기분 좋은 일이 있을 거야."

유연하게 대처하고 단호하게 나를 지키다

"괜찮아, 모든 것이 잘될 거야."

비난에도 참고 견뎠던 것은 잘 지내고 싶어서…

압박감과 비난에 대항하는 동시에 당신이 할 일이 있다. 왜 그동안 참았는지를 아는 것이다.

사람은 사람에게 영향을 가장 많이 받는다. 특히 가까워지면 긍정적이든 부정적이든 영향을 준다. 감정은 전염력이 강하다. 여럿이 있는 자리에서 누군가 웃음이 터지면 모두가 함께 웃기 시작한다. 불안한 사람이 있으면 옆사람도 덩달아 불안해진다.

그러므로 인간관계를 점검하고 싶다면 문제가 되는 상대와 당신의 인간관계 패턴을 잘 살펴보자. 당신은 잘 대해주는데 반대로 상대는 상처만 입힌다면 좋은 관계가 아니다. 그리고 당신이 하기 싫은 것을 억지로 하게 만드는 상대가 있다면 왜 그에게 말려들고 있는지를 가만히 들여다보는 것도 중요하다.

1장에서 꼽았던 착한 아이 콤플렉스의 세 가지 특징 중 하나가 '관계성'이었다. 누군가가 당신을 무례하게 대해도 참고 견뎠던 것은 바로 이 관계성 때문이었을 것이다. 하지만 힘든 만큼 마음은 얼어붙었을 것이다. 그동안 느꼈던 억울함과 소외감, 거절감에 가만히 접촉하는 시간을 갖는다. 다른 사람에게 하지 못하고 참고 있던 말이 무엇인지를 떠올린다. 그러다 보면 비난과 압박감을 참고 견뎠던 이유를 깨닫게 된다.

"나는 그저 관계를 고려했을 뿐이야."

비록 상대는 당신에게 상처 주었지만, 당신은 되려 상대를 배려했다. 당신은 상대에게 일말의 희망을 품고 있고 인간관계에 진심으로 임했기에 큰 상처를 받았을 것이다. 정말 억울하고 슬펐을 것이다. 사실 착한 사람으로 사는 것이 성공에 유리하거나 생존에 도움되기 때문에 당신이 착하게 산 것은 아니다. 당신은 좋은 마음으로 그랬을 뿐이다.

이런 당신에게는 공감해주고 속 깊은 이야기를 들어주는 지지적인 관계의 사람이 필요하다. 따뜻하고 좋은 사람과 함께할 때 불안은 잦아든다. 그리고 그 자리에 용기가 생기기 시작한다. 점차 '이제부터는 다르게 행동해야겠다'는 생각도 들 것이다. 이처럼 믿을 수 있는 존재에게 속마음을 표현하는 것은, 슬픔과 외로움을 표현하는 것은 역설적으로 당신을 치유해준다. 당신을 더 단단하게 해준다.

단단한 마음은 더 적절하게 인간관계를 맺는 데 도움이 된다. 물론 착한 데다가 거절하지 못하는 성향의 사람에게는 단호한 대처를 하는 것이 두렵다. 변화 자체가 두려운 것이다. 그럴 때는 다음처럼 생각해보라.

삶이란 본래 변하는 것이다. 변하지 않는다는 것은 죽음밖에 없다. 어차피 어제의 나는 지금의 나와 다르다. 이전의 나는 그렇지 않았지만 지금의 나는 변할 수 있다. 물론 익숙했던 나를 탈피하는 것이 두렵다. 그러나 조금씩 시도하다 보면 의외로 금방 익숙해진다.

우리는 날마다 변한다. 넘어졌다가도 다시 일어날 수 있다. 위축되었다가도 당당하게 어깨를 펼 수 있다. 이런 생각의 토대 위에서 유연하면서 단호한 사람이 되길 바란다.

불편한 사람에게
유연하게 대처하기

우리는 여태껏 자신을 이해하고 상대를 이해하는 시간을 가졌다. 이제부터는 실전이다. 매일같이 겪는 현실의 다양한 상황에서 어떻게 대처해야 할지를 배워볼 것이다.

여기에서는 일반적으로 불편하게 여겨지는 대표적인 관계 유형을 다섯 가지로 나누었다.

첫째, '상대의 욕구를 잘 모르는 사람'이다.
둘째, '친해지자며 부담스럽게 다가오는 사람'이다.
셋째, '예민하고 까칠하게 구는 사람'이다.
넷째, '부탁을 잘하는 의존적인 사람'이다.

다섯째, '무언가를 계속 요구하는 사람'이다.

각각의 유형에 대해 먼저 전반적인 설명을 한 다음, 구체적인 상황에 따른 적절한 대화 대처법을 제시했다. 이 대화법에는 다정하게 대하는 경우와 단호하게 대하는 경우를 모두 다루었다. 이를 참고해서 당신의 상황, 그리고 개성, 성격, 말투 등에 맞게 활용하자.

인간은 모두 단점이 있다. 반대로 장점도 있다. 단점이 보이고 관계를 맺을 때 조금 힘들다고 해서 인간관계에서 사람들을 제외하기 시작하면 얼마 못 가 인생은 황량해질 것이다. 이 장에서는 이 같은 생각을 바탕으로, 의도는 그렇지 않은데 결론적으로는 당신을 힘들게 하는 사람과의 불편한 관계를 조망하고 어떻게 대처하는 것이 좋을지를 살펴본다.

불편하고 무례한 인간관계 대처법

상대의 욕구를
잘 모르는 사람

사람들 가운데 나쁜 의도로 그러는 것은 아닌데 유난히 자기 생각을 강하게 드러내는 이가 있다. 더구나 이런 사람은 대체적으로 상대의 욕구에 둔감하다.

몇 년 전부터 사용되는 '라떼'라는 신조어가 있다. 대화 중 "나 때는 말이야~"라며 공감력 떨어지는 이야기를 하는 사람을 꼬집은 말이다. 그런데 이 말을 자주 하는 사람을 만나보면 독단적인 성격이라서 그렇다기보다 오히려 좋은 마음으로 다른 사람에게 자신의 예전 이야기를 들려주는 경우가 의외로 많다.

이를테면 이런 식이다. 명절 연휴 때 곧 대학교 졸업을 앞둔 20대 청년이 30대 친척 형에게 말했다. "형, 요즘 취업이 너무 힘들어요.

걱정돼 죽겠어요." 그러자 형이 이렇게 대꾸했다. "인마, 무슨 젊은 사람이 그런 걸 갖고 힘들어하냐? 나 때는 말이야, 취업이 힘든 정도가 아니라 끼니를 걱정해야 했어. 그러니 힘내."

30대가 10여 년 전에 끼니를 걱정했다니, 웬 뜬금없는 소리인가? 농담이라고 하기에는 상황에 맞지 않고, 진지하게 받아들이기에는 말도 안 된다. 친척 동생 입장에서는 형의 말이 위로가 되기는커녕 불붙은 집에 기름 붓는 격이다.

그러나 표현이 잘못되어서 그렇지 친척 형의 말 이면에는 '나도 학교 졸업하며 취직할 때 많이 힘들었어. 그러니 너도 힘을 냈으면 해'라는 응원의 마음이 숨어 있다. '내가 더 힘들었거든!'이라는 무시하거나 기죽이려는 마음이 아니다. 즉, 형 입장에서는 좋은 의도에서 우러나온 말이었기에, 만일 동생이 "형, 그게 무슨 소리예요!"라며 짜증이나 화를 내면 정작 본인은 깜짝 놀란다. 자기 딴에는 위로를 건넸다고 생각하기에 동생이 왜 화를 내는지 이해를 못 하는 것이다.

왜 남자 친구는 뜬금없이 트레이닝복을 생일 선물로 주었나?

나와 대화하던 20대 여성 소영은 화가 나 씩씩거렸다. "글쎄, 생일 선물로 알지도 못하는 이상한 디자인의 트레이닝복 세트를 사 왔더라니까요. 그러면서 아주 비싸다고 그러더라고요." 이런 일이 처음이 아니란다. 도대체 남자 친구 도현이 자기를 진짜로 생각해주고 있는 건지 잘 모르겠단다.

이런저런 이야기를 들어보니 내가 보기에는 도현이 패션 감각은 떨어질망정 소영을 화나게 하려고 일부러 그런 것 같지는 않았다. 그런데 왜 하필 트레이닝복을 생일 선물로 주었을까?

나는 소영에게 물었다. "남자 친구가 보통 어떤 옷을 많이 입나요?" 소영은 이렇게 대답했다. "트레이닝복이요."

그제야 상황이 이해되었다. 아마 도현은 본인이 트레이닝복 패션을 좋아하다 보니 여자 친구 역시 좋아할 줄 알았던 것이다. 실제로 내 주위에도 트레이닝복과 모자를 즐기는 사람이 있는데, 다른 사람들 눈에는 분간이 안 되겠지만 그 사람 말로는 대충 입는 것이 아니라고 했다. 트레이닝복에도 패션 흐름이 있고 잘나가는 브랜드가 있다고도 말했다. 아마도 도현 또한 그런 마니아였을 가능성이 높다. 다만 여자 친구의 마음을 잘 아는 마니아는 아니었던 모양이다.

이 유형은 독단적인 성격이 아니다. 앞선 사례의 친척 형처럼 "무슨 젊은 사람이 그런 걸 갖고 힘들어하나?" 하며 일장 연설을 하려다가도 상대가 "그까짓 거라고요?" 하고 쏘아붙이기라도 하면 깜짝 놀라 얼어붙기가 십상이다.

다만 이 유형은 타인의 욕구나 입장을 고려하는 것이 조금 서투르다. 따라서 조율만 잘한다면 서로 좋은 관계로 발전할 수 있다. 사실 남을 위로해주려고 하고, 힘들 때 뭔가를 사주려고 하며, 기념일을 특별하게 챙기려는 사람이기 때문이다.

그러므로 당신이 이 유형과 인간관계를 쌓을 때는 섣불리 화를 내거나 비난하지 말아야 한다. 비록 결과가 만족스럽지 않다고 해도 좋은 의도는 여전히 중요하다. 인간관계의 핵심은 진실성이다. 거리를 나가 보면 사람들로 가득하지만, 그중에서 당신을 진심으로 걱정하고 호감을 보이는 한정되어 있다. 이 유형은 적어도 당신에게 호의를 느끼는 사람이다. 그런데도 짜증 섞인 말투로 거절을 해버리면 당신에게 잘하려고 했던 만큼 상처를 입고 말 것이다.

내가 원하는 바를 정확하게 말해주는 게 좋다

그럼 당신이 이 유형과 인간관계를 잘 쌓으려면 어떻게 해야 할까? 여기서 핵심은 '이 유형은 좋은 의도를 가지고 있으나 어떻게 해야 상대가 좋아하는지를 잘 모른다'는 점이다. 정답은 간단하다. 이 유형에게는 당신이 좋아하는 것, 원하는 것을 직접적으로 명확하게 알려주라.

이 유형은 상대가 직접 목소리를 내지 않으면 정말 모른다. 그러므로 처음에는 알려주도록 한다. 인간은 적응의 동물이다. 시간이 흐르면 어느 순간부터는 상대가 무얼 좋아하고 어떤 것에 흥미가 있는지를 알게 될 것이다.

소영의 경우라면, 생일 다가오고 있고 남자 친구 도현이 선물을 준비할 거라고 예상되는 시기에 차라리 원하는 선물을 명확하게 말하는 것이다. "도현아, 난 생일 때 예쁜 티셔츠를 받고 싶어." 이렇게

168   불편하고 무례한 인간관계 대처법

하면 틀림없이 도현이 머릿속에 소영의 바람이 입력된다.

반대로 소영이 이렇게 말하는 것은 잘못된 결과를 가져올 수 있다. "도현아, 난 네가 주는 선물이면 다 좋아." "나는 사실 네 사랑이면 괜찮아." 십중팔구 도현은 소영의 생일날 트레이닝복을 선물로 줄 것이다. 아니면 정말 사랑이면 된다고 여겨서 아무 선물도 없이 빈손으로 소영을 만나러 와 활짝 웃기만 할 수 있다.

이 유형은 상대가 속상해서 말을 안 하면 끝까지 상대의 마음을 이해 못 한다. 만약 상대가 따지면 어리둥절해서 되물을 것이다. "왜, 나만 있으면 된다면서?" 말한 것을 곧이곧대로 받아들인 것이다.

친척 형과 동생이 나눈 대화로 돌아가보자. 본인에게는 더 힘든 시기가 있었다는 형에게 동생은 다음처럼 말하는 게 좋다. "형, 그때도 막막했겠네요. 지금 저도 취업이 계속 안 되니까 사실 너무 불안한 상황이에요." 자신이 겪는 마음을 그대로 들려주면 형도 계속 라떼를 들먹일 리 없다. 동생의 마음을 이해하고 그에 맞는 위로의 이야기를 건넬 것이다.

어떤 사람은 꼭 그걸 말로 해야 아느냐고 지적할 수 있다. 맞다, 말을 꼭 해주어야 아는 사람이 있다. 심지어 아주 분명하게 원하는 바를 이야기해야만 잘 알아듣는 사람도 있다. 그런 사람에게는 당신이 원하는 바를 정확하게 말하라. 이것이 좋은 인간관계를 만드는 비법이다.

상대의 욕구를
잘 모르는 사람에게 대처하기

1. 당신이 먹기 싫은 음식을 먹자고 하는 동료

친한 회사 동료인 한 대리가 퇴근 후에 저녁을 같이 먹자고 한다. "박 대리, 난 매콤한 게 당기는데…. 지난번 갔던 닭발집 어때? 생각만 해도 군침이 도네!" 한 대리와는 이미 그 식당에 여러 번 갔고 사실 닭발을 아주 즐기지도 않는다. 그래서 이번에는 박 대리는 자신이 먹고 싶은 것을 이야기하고 싶다. 오늘은 떡볶이가 좋다.

😞 좋지 않은 대처

▶ 같이 식사하자는 상대의 요청을 칼같이 거절하기

"아니, 난 안 갈래."

이처럼 정색하듯 말하면 한 대리는 깜짝 놀랄 것이다. 박 대리가 닭발을 아주 좋아하지도 않고, 오늘은 다른 음식을 먹고 싶다는 것도 모르기 때문이다. 미안함은커녕 서운함이 생길 게 뻔하다.

▶ 속마음과 달리 상대의 요청에 따르기

"그래, 닭발 먹으러 가지!"

박 대리가 이렇게 말하고 행동할수록 앞으로도 좋아하지 않는 음식을 먹어야 할 가능성이 높아진다. 한 대리는 박 대리의 생각과 속마음을 전혀 모르기에 좋지 않은 상황이 반복되기 마련이다. 과연 박 대리는 좋아하지 않는 음식을 자꾸 같이 먹자고 하는 한 대리와 좋은 관계가 될 수 있을까?

☺ 좋은 대처
▶ 상대의 욕구를 존중하는 동시에 당신 욕구를 말하기

"저녁 좋지. 근데 난 닭발도 좋지만, 오늘은 떡볶이가 진짜 먹고 싶어."

박 대리에게 가장 바람직한 대처 방안은 먹고 싶은 음식을 명확하고 분명하게 밝히는 것이다. 대신 상대의 욕구도 존중해주자. 그러면 마음이 편하고 자유로워진다. 그리고 자기 욕구를 말하는 것을 연습하다 보면 더 고차원적인 마음도 잘 표현할 수 있게 된다.

2. 아내의 의사는 묻지 않고 막무가내로 외출하자는 남편
오늘 미희는 회사 업무가 많아서 완전히 지쳤다. 집에 들어와 이제

막 옷을 갈아입으려는데 남편 승현도 퇴근해서 왔다. 그런데 오자마자 대뜸 이런다. "날이 따뜻해져서 벚꽃이 활짝 폈네. 우리 얼른 나가서 드라이브도 하고 외식도 하자!"

승현은 매번 이런 식이다. 자기가 좋아하고 하고 싶은 것이 있으면 아내와 즉흥적으로 하려고 한다. 파김치가 되어 있는 미희는 다시 옷을 갖추어 입고 외출하는 것이 내키지 않는다. 그런데 한편으로는 이런 제의가 승현의 호의에서 비롯된 것을 알기에 어떻게 잘 대처할지 고민된다.

🙁 좋지 않은 대처

▶ 당신이 지금 얼마나 힘든 상황인지를 보여주기

"당신 지금 나 파김치 된 거 안 보여?"

승현으로서는 좋은 의도로 데이트하자고 했는데, 아내가 갑자기 화를 내면 황당할 뿐이다. 미희도 몸이 지친 상황에서 드라이브하러 외출하는 게 싫지, 남편과 함께하는 시간 자체가 싫은 것이 아니다. 그런데도 이처럼 짜증나게 말하면 승현은 자신과의 데이트를 거부한 것으로 오해할 수 있다. 더구나 이 같은 패턴의 대화가 반복되면 관계가 악화될지 모른다.

▶ 거짓말로 상황을 모면하기

"회사에서 허리를 삐끗해서 말이지…."

아내가 아프다는데 승현이 외출을 강권할 리 없다. 불편한 상황을 잠시 모면하는 말은 처음에는 좋은 대처 같으나 반복해서 사용한다면 어떨까? 어쩌다 한번 만나는 사람이면 모르지만 가족, 친구, 직장 동료 등 친밀한 사이에서 반복되다 보면 상대에게 핑계처럼 들린다. 핑계는 장기적으로 관계에 해가 될 뿐이다.

😊 좋은 대처

▶ 드라이브는 하기 힘들지만 함께하고픈 마음은 표현하기

"나도 당신과 데이트하고 싶었는데 잘됐다. 근데 사실 오늘은
몸이 좀 피곤해서 집에서 당신과 함께 있으면 안 될까?"

▶ 피곤한 컨디션에 대해 전달하고 대안을 말하기

"여보, 나 회사에서 진짜 힘들었어. 어깨 주물러줄 당신만 기다렸
지. 난 오늘은 집에서 함께 맛있는 것 시켜서 영화 보고 싶어."

서로에게 함께 있고 싶은 마음만 있다면 무엇을 할지는 부차적인 문제다.

친해지자며
부담스럽게 다가오는 사람

일반적으로 사람들이 짐작하는 심리적 거리는 서로 간에 비슷하다. 완전히 일치하지는 않더라도 대략 비슷하다. 당신이 상대를 조금 아는 지인으로 여기는데, 상대가 당신을 가장 친한 친구로 여기기란 어렵지 않은가! 그러나 예외는 있는 법이다. 친밀감이라는 것, 인간관계의 거리는 모두 주관적인 개념이기에 서로 간에 일치하지 않기도 한다. 이제부터 이와 관련한 사례를 살펴보겠다.

대학 졸업을 앞둔 영우가 고민이 있다며 내 상담실 문을 두드렸다. 영우는 같은 과 동기인 은정을 무려 4년 넘게 짝사랑했다. 그런데 그 결실을 맺지 못할 것 같자, 괴로움에 나를 찾아와 문제점이 무언지 알아보고 싶다고 했다.

"은정 씨 어떤 점이 좋았나요?" 하고 내가 물어보니 영우는 이렇게 말했다. "저만 보면 하얀 치아를 드러내며 활짝 웃으며 반기는 모습이 그냥 너무 좋더라고요." 입학했을 때부터 은정에게 반했으나, 숫기 없는 영우는 고백을 하지 못한 채 얼마 뒤 군대에 갔다. "은정이는 항상 저만 보면 환하게 웃었어요. 저를 좋아하는 게 분명했죠." 전역 후에도 은정에 대한 영우의 사랑은 이어졌다. 은정은 먼저 졸업해 직장인이 되었고, 영우도 취준생이 되어 치열한 학교생활을 했다. 그리고 졸업을 앞둔 얼마 전 영우는 좋은 회사에 취업하게 되었다.

드디어 만반의 준비를 마치고 데이트 신청을 하기 위해 영우는 은정에게 연락했다. "은정아, 나야. 우리 만나서 얘기 좀 할까?" 그런데 이 이야기를 들은 은정은 좀 뜬금없다는 투로 말했다. "어…, 오랜만이야. 근데 단둘이 만나기엔 좀 부담스러운데, 어쩌지?" 영우는 은정의 말에 할 말을 잃었다. 지난 몇 년간 두 사람이 생각하는 관계의 거리는 달라도 너무 달랐던 것이다.

어떻게 하는 것이 좋을까?

누군가에게는 전화보다 문자 메시지가 편하다. 전화는 왠지 모르게 부담스러워서 할 말을 제대로 할 수 없다. 그런 사람에게 동료가 메시지를 보내는 대신 전화로 용건을 이야기한다면? 아마 부담감을 느낄 것이다.

잘 모르는 사람과 식사하는 게 꺼려지는 사람이 있다. 그런데 그에게 거래처 담당자가 자꾸 전화해서 저녁을 한번 먹자고 한다면? 이 역시 부담감을 느낄 것이다.

남이 관계의 거리를 좁혀오는 데 부담을 느끼는 사람이 많다. 또한 노력해서 마음의 문을 천천히라도 여는 사람이 있고, 아예 관계의 거리를 좁히는 것을 내켜하지 않는 사람이 있다.

그런데 당신이 이런 유의 사람이라고 하더라도 상대를 냉정하게 거절하기란 쉽지 않다. 상대가 큰 거절감을 느낄 것이기 때문이다. 어쩌면 당신을 원망할지 모른다. 이미 상대는 당신과 가까운 사이라고 생각하고 있을 가능성이 높다.

그럼 어떻게 하는 것이 좋을까? 먼저 그 관계에서 당신이 더 멀어질지, 혹은 더 가까워질지를 결정해야 한다.

이때 명심할 점이 있다. 상대와 반드시 가깝게 지낼 마음이 없다고 해도 단호하게 거절할 필요는 없다. 인간관계는 마라톤이고 앞으로 어떻게 바뀔지 지금은 전혀 알 수 없다. 어쩌면 상대가 곧 당신에게 흥미를 잃고 다른 사람에게 집중할 수도 있다. 어쩌면 상대와 당신이 무척 잘 맞아서 가까운 미래에 절친이 될 수도 있다. 사람 일은 모른다.

그러므로 당신에게 다른 사람이 다가올 때 부담을 느낀다고 해서 너무 철벽을 치지 않는 것이 낫다. 차라리 완곡하게 연락의 빈도와 정도를 줄여서 적당한 선에서 관계를 유지하도록 하자. 그리고 다른 사람이 당신을 친밀하게 생각하는 데에는 이유가 있기 마련이다. 혹

불편하고 무례한 인간관계 대처법

시 당신이 그 사람의 연락을 잘 받아준 것은 아닌가? 지나치게 친절하게 대해주는 바람에 상대의 오해를 산 것은 아닌가? 한번 그동안의 관계를 점검해보라.

당신이 받아들일 수 있을 만큼만 받아들이고 이외에는 완곡하고 유연하게 거절을 하자. 여기서 유의할 점이 있다. 절대로 거짓으로 핑계를 대지 않아야 한다. 생각보다 갑작스럽게 만드는 거짓말은 티가 많이 나고 허점이 금방 보인다. 인간관계를 맺을 때는 진실성과 솔직한 태도가 정말 중요하다. 진실을 이야기하면 당장은 상대가 서운할 수 있어도 길게 보았을 때에는 관계에 도움된다.

만일 당신이 상황을 모면하려고 거짓말을 했는데 상대가 이를 전혀 눈치채지 못했다고 가정해보자. 거기서 끝이 아니다. 상대는 당신이 부담감을 느낀다는 사실을 전혀 모르기에 부담 주는 말과 행동을 계속할 것이다.

그러므로 솔직해지자. 전화로 이야기하는 것이 부담되면 동료에게 완곡한 말로 "송 대리, 난 전화보다는 문자 메시지나 메일이 맘 편하더라. 전화는 왠지 쑥스럽기도 하고. 앞으로 정말 급한 업무가 아니면 문자와 메일로 얘기하자"라고 해보라. 식사 요청을 하는 거래처 사람에게도 이렇게 설명하고 만나보라. "이 주임님, 그러지 말고 저희 회사 근처에 있는 신상 카페에서 티타임 갖는 건 어떨까요? 제가 밥 먹으며 중요한 이야기를 하는 데 익숙하지 않아서요." 이것이 아주 멀리 가지도 않고, 그렇다고 아주 가깝게 가지도 않는 상태로 일정하게 심리적 거리를 유지하는 대화법이다.

일단은 이렇게 관계의 심리적 거리를 유지하며 지내다가 마음의 문이 더 열리면 그만큼 거리를 줄이면 된다. 반대로 마음의 문이 더 닫히면 만남의 빈도와 정도를 줄이자. 당신이 만나는 사람 모두가 친구일 필요도 없지만 전부 적으로 돌릴 필요도 없다. 부담스럽다고 갑자기 손절하기보다는 심리적 거리를 조금씩 조율하며 인간관계를 만들어가는 것이 훨씬 이롭다.

친해지자며 부담스럽게 다가오는 사람에게 대처하기

1. 피곤한 당신에게 밥, 커피, 술까지 권하는 동호회 회원

직장인 테니스 동호회에서 만난 몇몇 사람들과 밥을 먹고 커피를 마셨다. 그런데 그중 한 사람이 "맥주 마시러 갑시다!"라고 한다. 커피도 그 사람이 마시자고 했었는데 말이다. 나름 좋은 시간을 보냈지만 이제는 슬슬 피곤하다. 게다가 상당히 늦은 시간이라 집에 가는 게 나을 듯하다. 당신은 어떻게 하겠는가?

🙁 좋지 않은 대처

불편하고 무례한 인간관계 대처법

▶ 얼마나 늦은 시간인지 직면시키기

"아니, 지금 시간이 몇 시인지 아세요?"

이런 말은 당신과 친해지고 싶어 하는 상대를 주눅 들게 한다. 이토록 단호하게 대한다면 아마 그 사람은 다시는 당신에게 부담스럽게 안 하겠지만, 아예 관계마저 완전히 끝나버릴 수 있다.

▶ 이야기를 거짓으로 꾸며 둘러대기

"어머니가 아프시다고 해서 오늘은 이만 들어가볼게요."

둘러대는 것은 단기적으로는 효과가 있지만, 상대는 계속 다른 상황에서 당신을 부담스럽게 할 것이다. 그때마다 이런저런 핑계를 댈 수는 없다.

▶ 체념하고 그냥 따라가기

"휴, 그래요. 가요."

남에게 휩쓸려 맥줏집까지 따라가긴 했어도 아마 당신은 맥주를 마시면서 화가 날 것이다. 사람은 보통 하기 싫은 것을 억지로 할 때 마음속에서 짜증이 인다. 더군다나 이런 일이 반복될수록 그 사람에게 진절머리가 난다.

😊 좋은 대처
▶ **지금은 어렵다고 솔직히 말하기**

"고마워요. 그런데 지금은 너무 피곤해서 집에 가야 할 것 같아요."

집에 가고 말고는 당신의 선택이다. 굳이 엄청난 핑계를 대거나 거짓말을 할 필요가 없다. 그냥 정직하게 피곤하다고 하면 된다.

2. 시도 때도 없이 자꾸 전화하는 친구
한 친구가 오전부터 전화를 걸어 왔다. 엊저녁에도 전화해서 자기 이야기를 오래 했는데 말이다. 당신을 좋아하는 친구이기는 한데, 지금은 회사 업무로 한창 바쁘다. 당신은 어떻게 하겠는가?

😞 좋지 않은 대처
▶ **그동안 쌓였던 감정을 폭발시키기**

"아니, 어제도 그러더니 또 전화해서 지금 뭐 하는 거니?"

친구는 당신에게 호감이 있어서 전화를 한 것이다. 짜증스럽겠지만 감정을 격하게 드러내면 관계가 무너질 수 있다. 그리고 아예 회복되기 어려울지 모른다.

불편하고 무례한 인간관계 대처법

▶ 일단 전화를 안 받고 나중에야 알았다고 잡아떼기

"앗, 미안. 전화 온 줄 몰랐네. 다음부터는 잘 받을게!"

이런 핑계는 절대 오래가지 못한다. 이후에 같은 상황이 벌어질 때마다 비슷한 핑계를 대며 친구를 슬슬 피할 것인가?

▶ 어제처럼 '이번만 참자' 생각하며 들어주기

"아, 그렇구나."

친구의 이야기를 들으면 들을수록 당신의 괴로움은 배가 될 것이다.

😊 **좋은 대처**
▶ 통화하기 어려운 상황임을 정확히 말하기

"미안해. 내가 지금은 업무 중이라 통화가 좀 힘들어."

당신의 상황을 명확히 밝히고 통화가 어렵다고 말하라.

▶ 여유로울 때 전화한다고 말하기

"내가 이따 시간 괜찮을 때 다시 연락할게."

시간 여유가 있을 때 전화한다고 말하는 것도 좋은 대처 방법이다.

예민하고
까칠하게 구는 사람

예민한 정도가 심해서 까칠하기까지 한 사람이 있다. 항상 왠지 화가 나 있는 이런 사람은 대화를 나누어보면 비난하듯 이야기해서 상대를 위축되게 한다.

이 유형은 예민한 만큼 매사에 상당히 완벽하고 일에서도 철두철미하기에 승진을 잘한다. 한마디로 상사로 만날 확률이 높은 사람으로, 그럴 때가 가장 골치 아프다.

예민하고 까칠한 것은 내면에 불안이 많아서 그렇다. 또한 완벽하려는 성향이다 보니 남이 하는 것이 성에 안 찬다. 이것이 자꾸 남을 지적하는 이유다. 그런데 가만히 보면 특정한 누군가를 지적하지는 않는다. 원래 성격이 그런 거여서 이 유형은 누구에게나 예민하고 까칠하게 군다.

촉이 뛰어나니 불안해서 까칠해지고 화도 낸다

남에게 잔소리가 많은 만큼 본인은 자유롭게 살까? 의외로 그렇지 않다. 사실 가장 이 유형이 들볶는 사람이 바로 자신이다. 부정적인 생각과 걱정을 많이 하는 탓이다.

빅 파이브 성격 검사의 다섯 가지 척도 중에 '신경증'이라는 척도가 있다. 예민하고 까칠하게 구는 사람은 바로 이 척도가 높게 측정된다. 신경증의 가장 큰 특징이 부정적인 생각과 걱정이 많은 것이다. 이른바 불안과 분노, 우울함이 크다. 불안하니 예민해지고, 더 나아가 화가 난다. 하지만 이는 성격적 측면이라 바꾸기가 어렵다.

한편 이 유형은 남보다 촉이 좋아서 더 많은 감각을 느끼고 더 많은 생각을 하므로 어떤 일 한 가지를 하더라도 결과에 대해 여러 가지로 예측한다. 이 유형은 사회적으로 공동체적으로 반드시 필요하다. 위기를 방지하거나 긴급 상황이 생겼을 때 기민하게 대처하는 데 큰 도움이 되기 때문이다.

그러나 개인적인 관계와 만남에서 이 유형은 다른 사람과 갈등을 빚기 쉽다. 예민하고 까칠하며 부정적이기까지 하니 말이다. 큰 싸움까지는 아니어도 소소한 다툼을 잘 벌인다.

왜 그럴까? 속에 있는 것은 언젠가 밖으로 나가기 마련이다. 속에 가득했던 불편함은 드러날 수밖에 없다. 불편한 마음은 불편한 감정이 되어 인간관계에 영향을 미친다.

이 유형은 스트레스를 받으면 상대를 지적하며 짜증과 화를 잘 낸다. 화는 자신이 옳다는 감정이다. 이 유형의 "나 화났어"라는 말은 본인이 화를 낼 만하다는 뜻을 담고 있다.

어떻게 하면 좋을까?

예민하고 까칠한 사람이 화를 낼 때 어떻게 대응해야 할까? 일단 "네가 틀렸어"라고 말하는 것은 금물이다. 이 말은 상대의 감정을 가장 크게 건드린다.

무조건 사과하는 것 역시 별로 좋지 않다. 미안하다고 하는 순간, "무엇이 미안하냐?"며 물어볼지 모른다. 이 유형은 사과보다 미안해하는 근거를 더 중시한다. 무작정 미안하다고 말하는 것은 책임을 회피하는 모습으로 비추어지기 쉽다.

앞서 살펴보았듯 이 유형이 예민하고 까칠한 것은 일부러 상대를 못살게 굴기 위함이 아니다. 걱정 많은 성격 때문이다. 이런 사람의 안을 가만히 살펴보면 착하고 순수하며 배려심이 큰 모습이 숨겨진 경우가 많다.

따라서 예민하고 까칠한 사람이 화를 낼 때는 '부드러움은 강함을 이긴다'는 말을 떠올리자. 이 말은 예민하고 까칠한 사람과의 인간관

불편하고 무례한 인간관계 대처법

계에서 진리로 통한다. 강함을 흘려보내듯 수용하면 강함은 조금씩 누그러진다. 즉, 화내는 원인을 유연하게 타당화하고 인정해주는 것이다. 다음의 사례들이 타당화의 말이다.

"그럴 수 있어."

"충분히 화날 수 있지."

"화날 만한 이유가 있었을 것 같아."

예를 들어 부부간의 대화에 타당화의 말을 적용해보겠다.

▶ 나쁜 대화 사례

남편   나 진짜 화났거든?

아내   당신만 화난 건 아냐. 나는 화가 나다 못해 속이 다 까매. 한번 말해볼까?

▶ 좋은 대화 사례

남편   나 진짜 화났거든?

아내   아, 당신 화났구나. 화날 만한 이유가 있을 것 같아.

물론 타당화가 화내는 행동이 옳다는 것을 의미하지는 않는다. 반대로 화내는 행동이 전부 옳지 않다는 것도 아니다. 타당화란 그저 상대에게 지금 화라는 감정이 있음을 인정하고 수용하는 것이다.

유연하게 대처하고 단호하게 나를 지키다

예민하고 까칠하게 구는
사람에게 대처하기

1. "주인의식이 없다"며 부서원에게 화내는 까칠한 상사

부서장은 부서원들이 작은 실수를 해도 꼭 지적한다. 그렇다고 특정한 누군가를 괴롭히지는 않지만 모두에게 까칠하다. 또한 완벽주의자인 데다 화도 많고 짜증도 많아 부서원들은 그를 좋아하지 않는다.

지난 며칠간 부서장은 혼자 남아 야근을 했다. 그래서인지 화를 내며 이렇게 말하는 게 아닌가. "요즘은 직원들이 주인의식이 없어!" 부서장은 급기야 당신에게 와서 같은 말을 건넸다. 이때 어떻게 대처하겠는가?

😞 좋지 않은 대처

▶ 바로 맞서기

> "저는 사장이 아니에요. 부서장님도 아니고요.
> 제가 왜 주인의식을 가져야죠?"

불편하고 무례한 인간관계 대처법

이렇게 말하는 순간, 상사와 당신은 갈등 상황에 부딪치게 된다. 부서장의 화는 당신을 겨냥했다기보다 내면에 가지고 있는 불안 때문일 수 있다는 점을 기억하자.

▶ 무조건 사과하기

"네, 죄송합니다. 더 주인의식을 갖겠습니다."

이렇게 말하면 그 사람만 맞고 당신은 틀린 것이 된다. 부서장이 말하는 주인의식이라는 높은 기준에 맞추기 위해 당신도 함께 야근할 것이 아니라면 이런 말은 지양하라.

▶ 대화 주제를 다른 것으로 전환하기

"네, 근데 부서장님, 오늘 좋은 소식이 하나 있습니다."

대화 주제를 전환하는 것이 어쩌면 통할 수 있다. 하지만 부서장 입장에서는 당신이 뜬금없는 사람으로 보일지 모른다. 그리고 이 방법을 여러 번 사용하면 부서장은 당신을 자신의 말을 전혀 귀담아 듣지 않는 부하 직원으로 생각할 것이다.

☺ 좋은 대처

▶ 화가 났을 상황에 공감하고 그 감정을 타당화하기

> "네, 부서장님, 밤늦게까지 그 많은 일을 하시면서
> 정말 화나셨을 것 같아요."

▶ 분노 감정 자체를 타당화하고 그 이유를 묻기

> "네, 부서장님, 충분히 서운하셨을 것 같아요.
> 그만한 이유가 다 있을 것 같아요."

예민하고 까칠한 사람이 화를 낼 때는 일단 반박하지 말고 화 자체를 타당화하거나 화나는 이유를 물어보자. 그러면 상대는 화낸 이유를 설명할 것이다. 이 과정에서 화도 누그러지기 쉽다.

어쩌면 이야기를 듣는 중에 부서장이 무엇을 걱정하고 불안해하는지도 알아낼지 모른다. 그 단계까지 갔다면 어떻게 하면 문제를 더 나은 방향으로 해결할지에 대해 대화를 나누어보자.

2. 남자 친구가 약속 시간에 늦어서 화난 여자 친구

여자 친구와 데이트를 약속한 날이다. 그런데 회사 근무를 마치고 사무실에서 잠시 동료와 잡담하다가 약속 시간에 늦고 말았다. 만나기로 한 레스토랑에 허둥지둥 들어갔는데 여자 친구는 단단히 화가 나 있다. 어떻게 대처하겠는가?

불편하고 무례한 인간관계 대처법

☹ 좋지 않은 대처

▶ 회피하기

(메뉴판을 펴며) "뭐 먹을까?"

당신이 이처럼 행동하면 여자 친구는 완전히 무시당하는 느낌을 받는다. 여자 친구 입에서 "나 지금까지 기다린 거 안 보여?"라는 큰 소리가 날 수도 있다.

▶ 싸우기

"또 뭐가? 나는 회사에서 놀다 온 줄 알아?"

여자 친구가 화난 것은 당신이 회사에서 놀다 와서가 아니다. 당신이 약속을 어겼기 때문이다. 이런 말은 화를 키우는 역효과만 나게 한다.

▶ 핑계를 대기

"자기야, 미안, 미안. 김 대리가 날 붙잡고 이야기를 하는 거야. 하는 수 없이 좀 들어주느라 늦었네."

핑계를 대는 것은 상대의 신뢰를 갉아먹는 행동이다. 이런 말을 당신이 하면 여자 친구는 "김 대리가 내 약속보다 중요해?"라고 따질

가능성이 높다. 어떤 사람은 이럴 때 또 다른 핑계를 대기도 한다. 하지만 핑계는 더 큰 화를 불러일으킬 뿐이다.

😊 좋은 대처

▶ **화가 났을 만한 상황에 공감하고 그 감정을 타당화하기**

"내가 일찍 온다고 하고 늦었네. 자기가 충분히 화날 만해."

▶ **일단은 화 자체를 타당화한 뒤 화난 이유 묻기**

"내가 늦어서 자기가 많이 서운했겠다.
그만한 이유가 있었을 것 같아."

이런 식의 대처를 몇 번 반복하다 보면, 여자 친구는 언젠가부터 화를 내기보다 화난 이유를 말하기 시작할 것이다. 화가 상대에 대한 비난을 품고 있다면, 화나는 이유는 숨겨진 욕구나 기대가 담겨 있다. 이 사례에서 여자 친구는 남자 친구에 대한 애정이 크기에 그만큼 약속을 어긴 남자 친구에게 화가 난 것임을 알 수 있다.

불편하고 무례한 인간관계 대처법

부탁을 잘하는
의존적인 사람

애니메이션 〈니모를 찾아서〉에는 니모의 아버지 '말린'이 등장한다. 포식자에게 아내와 알들이 모두 잡아먹혔기 때문에 말린에게 니모는 유일한 가족이다. 그런데 말린은 니모가 계속 자라고 있는데도 과잉보호를 하는 나머지 니모의 자율성을 간섭한다. 첫 등굣날 학교에 가려는 니모를 붙들고 1~2년만 더 있다가 갔으면 좋겠다고 설득하기도 한다.

하지만 니모는 이 같은 아버지의 요구에 응하지 않는다. 그리고 아버지를 벗어나 먼 여정을 떠난다. 이야기는 니모가 여러 위기를 겪으면서 주체성을 키우게 되고 아버지하고도 건강한 관계를 맺는 행복한 결말로 끝난다. 과연 현실에서도 니모 같은 아이가 있을까? 사

유연하게 대처하고 단호하게 나를 지키다

실 그렇지 않은 아이가 수두룩하다. 부모가 의존적으로 키우면 아이는 자연히 의존적이 되기 마련이다.

"이것 좀 해달라"며 의존하는 사람의 속사정

유난히 의존적인 사람을 살펴보면, 양육 과정에서부터 과잉보호나 과잉통제를 겪은 경우가 많다. 더 나아가 어릴 적에 부모가 자신들을 의존하면 칭찬을 하고, 반대로 의견을 주장하거나 자율적으로 행동하면 심하게 꾸지람을 들었다는 사람도 있다.

그런데 가정에서 이런 식의 양육이 반복되면 아이는 서서히 자율성을 포기한다. 아예 뭐든지 부모에게 맞추는 타율성이 형성될 수 있다. 이른바 수동적이고 의존적인 성향이 강화된다. 결과적으로 의존적인 어른으로 자라고 만다.

"나는 못 하니까, 당신이 좀 해줘."

혹시 주변에 이와 비슷한 취지의 말을 하는 사람이 있는가? 그렇게 말하는 사람의 심리는 무엇일까? 이 유형은 다른 사람을 골탕 먹이거나 이용하고 싶어서 그러는 것이 아니다. 그저 자기 확신이 없고 상대를 믿어서 그렇다. 의존적인 사람은 다른 사람을 의존하면서 무언가를 끊임없이 요구한다. 그럼으로써 자신이 원하는 바를 채우려고 한다.

어떻게 보면 누군가가 의지해준다는 것은 기분 좋은 일이다. 그만큼 자신이 믿음 가는 사람이라는 소리가 아닌가. 하지만 상대가 일상의 여러 결정이나 어려움을 해결하는 것을 부탁하는 정도가 아니라, 그 이상의 중요한 결정까지 모두 의존한다면 부담스러운 게 당연하다.

회피적인 사람과는 애초에 관계를 형성하기가 어렵다면, 의존적인 사람은 관계를 끊어내기가 어렵다. 삶의 많은 것을 의존한다는 것은 양측의 관계가 뒤얽혀 있다는 소리다.

삶에는 무수한 선택의 순간이 있다. 이를테면 진학, 유학, 결혼, 이혼, 취직, 이직, 퇴직, 창업…. 이와 같은 선택은 큰 결정이므로 때로는 다른 사람과의 충분한 대화와 토의가 도움된다. 그러나 어떤 어려움에 대해서는 스스로가 직접 대처해야 하는 순간이 있다.

결국 삶의 주인공은 삶을 살아가는 자신이고 그 책임도 자신의 몫이다. 따라서 가족이고, 친구고, 연인이더라도 모든 것을 선택해주고 해결해줄 수는 없다. 아무리 친밀한 관계여도 한계가 있다.

또한 계속 남에게 의존할수록 주체성과 도전감이 줄어드는 문제도 있다. 부모거나 기혼자라면 자식과의 관계, 배우자와 관계 속에서 내가 무언가를 해주는 만큼 상대를 의존적으로 만들 수 있음을 기억해야 한다.

어떻게 하면 좋을까?

과연 부탁을 잘하는 의존적인 사람과는 어떻게 인간관계를 만들어야 할까? 문을 열어주되 너무 많이 열지는 말자. 절대로 의존에 응답하여 결정을 내려주는 우를 범하지 않아야 한다. 당신은 남의 인생에 대해 선택할 권리가 없다. 그 선택은 당신이 해줄 수 있는 일의 범위 안에 있지 않다. 더욱이 인생의 중요한 결정에는 뚜렷한 답이 없을 때가 많다.

그러므로 설사 당신이 좋은 의도에서 이 유형의 문제를 해결해줄 수 있다고 해도 큰 틀에서는 당사자가 주체적으로 문제에 다가서도록 해야 한다. 주체적인 태도를 갖추도록 돕는 것이야말로 정말 그 사람을 위하는 길이다.

무엇보다 이 유형에게는 타인의 한계에 대해 알려주는 것이 좋다. 당장은 냉정해 보여도 "나는 너 대신에 그 문제를 결정할 수 없어. 내 의견은 많은 사람 중 하나의 의견일 뿐이고 결국 네가 선택해야 해"라고 정직하게 말해주는 것이 그 사람을 위해서 더 낫다.

사례를 하나 들어보자. 요즘 저녁마다 용호에게 친구 재성이가 전화를 건다. 이제 막 취업을 한 재성은 회사생활에 대해 이런저런 이야기를 늘어놓으며 시시콜콜 의견을 묻곤 했다. 용호는 그 이야기를 듣노라면 어느새 늦은 시간이 되고 피곤했다. 귀로는 재성의 말을 들으면서도 내일 제때 일어나 출근할 수 있을지 걱정되었다. 이런 상황에 놓인 용호라면 다음처럼 말하는 것이 좋다.

불편하고 무례한 인간관계 대처법

"재성아, 내가 지금 너무 졸리거든. 내일 6시에 일어나 출근하려면 이제 자야 해. 네가 말한 문제는 곰곰이 생각해보고 현명한 결정을 하기 바랄게."

그런데 아침이 되자마자 재성이 다시 연락을 해서 또 묻는 게 아닌가! 엊저녁에 용호가 말한 것은 벌써 잊어버린 모양이었다.

의존적인 사람은 이러기가 쉽다. 그럴 때는 역으로 되물어보는 방법을 써보자.

"밤에 많이 고민해봤어? 어떻게 결정하는 것이 좋겠어?"

어쩌면 재성의 의존이 너무 깊어서 "아무리 고민해도 모르겠어. 네 생각은 어때? 네가 결정해주면 안 될까?"라고 할지 모른다. 그러나 아무리 상대를 아끼고 친하다고 해도 단호하게 말해야 한다.

"난 널 친구로서 아끼지만 그건 내가 해결해줄 수 없는 문제야."

실제로 그렇다. 사실 누구나 내 코가 석 자다. 지금 발 앞에 쌓여 있는 자신의 작은 문제들을 풀어가려고 다들 정신이 없다. 그게 바로 삶이다. 게다가 남의 문제를 대신 풀어줄 수 있는 사람도 없다. 어려워도 진정으로 일어서기 위해서는 당사자의 노력이 필요하다. 그것이 삶이다.

부탁을 잘하는
의존적인 사람에게 대처하기

결혼을 할지 말지, 대신 결정해달라고 부탁하는 친구

당신의 친구 연아는 결혼을 망설이고 있다. 남자 친구가 성격은 착한데 책임감이 별로 없는 편이라는 것이 이유다. 연아가 이 일로 고민을 시작할 때 전화 연락을 해왔길래 당신은 여러 조언을 해주었다. 그런데 매일같이 전화를 하더니 며칠 뒤에는 아예 당신보고 결혼 여부를 결정해달라는 게 아닌가!? 난색을 표했지만 연아는 시도 때도 없이 전화를 해서 거듭 부탁했다.

그러다 회사에서 중요한 미팅이 있어 잠깐 연아의 전화를 놓쳤는데, 나중에 보니 부재중 전화가 세 통, 문자가 두 개 와 있었다. 문자 하나는 「내 인생에서 가장 중요한 일이니 제발 전화 좀 받아」라는 내용이었고, 또 하나는 「결혼할지 말지, 그냥 단도직입적으로 알려줘」라는 내용이었다. 너무 스트레스를 받은 나머지 정말 아무렇게나 결정해주고 싶은 충동이 일었다.

😞 **좋지 않은 대처**

▶ **대신 결정해주기**

불편하고 무례한 인간관계 대처법

"솔직히 말해서 나는 그 사람이면 무조건 결혼할 것 같아."

당신이 진짜 이렇게 느껴서 말하든, 아니면 거듭되는 연아의 부탁에 너무 질려서 이렇게 말하든 이런 말은 매우 위험하다. 결과적으로 연아의 의존성을 가중시킬 뿐만 아니라, 당신은 인생의 중대사인 결혼까지 결정해준 사람이 되어버린다.

그러다 결혼생활이 잘 풀리지 않는다면? 연아는 분명히 당신을 원망할 것이다. 만약 행복한 결혼생활을 한다면? 최고의 결정을 내려준 당신에 대한 연아의 의존성은 한층 더 강화될 것이다.

▶ 화내기

"그만 좀 할래? 넌 진짜 껌딱지 같아."

의존적인 사람에게 이런 말은 큰 상처가 된다. 그 사람이 의견을 물어본 것은 불안하기 때문이다. 그리고 불안의 늪에서 당신은 신뢰가는 존재다. 게다가 의존적인 사람은 자존감이 약한 경우가 많아서 깊은 배신감과 상처를 받을 수 있다.

☺ 좋은 대처
▶ 돕고 싶지만 한계가 있다고 말하기

"나도 이번 결혼이 네게 정말 중요하다는 것을 알고 있고,

할 수만 있다면 너를 돕고 싶어.
하지만 내가 네 결혼을 결정해줄 수는 없어."

냉정한 말로 보여도 이는 그 사람에게 정말로 필요한 말이다. 상대를 돕고 싶은 마음을 표현하는 동시에 그럴 수 없다는 점을 정직하게 이야기하고 있다.

이 말은 같은 상황에 있는 부모도 활용할 수 있다. 부모라고 해서 자녀의 결혼을 결정해줄 수 있는 것은 아니다. 보조적인 의견을 갖는 것과 결정을 해주는 것 사이에는 큰 간격이 있다. 그러므로 이렇게 말해야 한다.

"널 돕고 싶지만, 내가 네 선택을 결정할 수는 없어."

불편하고 무례한 인간관계 대처법

무언가를
계속 요구하는 사람

많은 사람이 부탁하는 것을 어려워해서 "남에게 부탁하느니 차라리 혼자 알아서 하는 게 마음 편하다"고 한다. 하지만 이와 반대로 부탁 이상의 요구를 남에게 아무렇지 않게 하는 사람도 있다. 그리고 그런 사람은 대부분 선배, 부모, 상사 등 우리보다 더 윗사람이다.

그중 가장 힘든 존재가 바로 상사다. 조직의 편제상 상사는 매일 오랜 근무 시간 내내 부하 직원들에게 정당하게 업무 지시를 내린다. 이런 특수성을 고려하여 여기에서는 상사에게 불편함을 느끼는 부하 직원 입장에서 인간관계를 집중적으로 다루겠다.

회사에서 상사가 일을 시키는 것은 당연하다. 여럿이 함께 일하는 조직이라면 그것이 일상이다.

그런데 상사가 당신에게만 많은 업무를 요구한다면? 처음에는 직무에 맞는 업무를 시켰지만 언젠가부터 직무와 별 관련도 없는 일까지 시킨다면? 당신의 업무는 근무 시간에 다 마쳤기에 칼퇴를 하려고 마음먹었는데, 상사가 다른 동료의 업무까지 가져다 맡긴다면?

당신은 이제 상사가 어떤 생각인지가 궁금해진다. 그래서 여러 측면에서 상사를 살폈는데 아무리 봐도 당신에게 특별한 악의는 없다. 그럼 도대체 왜 그럴까? 우선, 상사가 무신경하고 무감각한 타입이라 그랬을 수 있다. 또한 당신이 다른 부하 직원들보다 눈에 띄어서 그럴 수 있다. 상사의 업무 지시에 즉시 응답하는 편이라, 특별히 일처리를 잘하기 때문에 등의 이유로 말이다.

처음에는 좋은 마음에서 했던 일이, 능력 있는 사람이 되고 싶어 했던 일이 오히려 옭아매는 족쇄가 되기도 한다. 이 같은 상황에 놓인 사람은 답답해하고 억울해하면서도 쉽게 족쇄에서 벗어나지 못한다. 일말의 희망을 품고 있어서다. 그것은 상사로부터 언젠가는 인정받지 않을까 하는 희망이다.

쉽게 부탁하는 사람은 상대를 얼마큼이나 생각할까?

나는 지금까지 기업의 관리자급 이상의 직원을 많이 상담해보았다. 그중 남에게 무언가를 많이 요구하고, 또 시키는 것을 잘하는 사람들을 만나면서 깨달은 점이 있다. 이 유형은 자신이 요구한 것의 결과

불편하고 무례한 인간관계 대처법

에는 관심이 있으나 놀랍게도 과정과 노력에는 대단히 무신경했다.

한 가지 사례를 들어보자. 강민호 본부장은 퇴근 직전에 부하 직원인 이연희 팀장에게 갑자기 업무 지시를 내렸다. "이 팀장, 그 보고서 꼭 내일까지 줘야 해!" 이 팀장이 보니 강 본부장이 말한 보고서를 작성하려면 도저히 혼자서는 할 수가 없었다. 그래서 권세연 대리를 어르고 달래서 김밥 한 줄을 먹고 같이 야근을 하기 시작했다. 그렇게 시간이 흘러 어느새 자정이 지난 시각, 두 사람이 열심히 달렸건만 보고서 작성을 마치려면 아직 두어 시간은 더 필요했다.

한편 강 본부장은 제시간에 퇴근했다. 집에 간 그가 '근무 외 시간이지만 수고하고 있겠구나'라며 야근하는 부하 직원들을 염려할까? 의외로 그렇지 않을 가능성이 크다. 정작 강 본부장은 저녁 식사를 잘 마치고 소파에 길게 누워 텔레비전으로 축구 경기를 보았다. 곧 축구 경기가 끝나자 침대로 가 유튜브 영상이나 좀 보다가 잠들었다.

강 본부장은 늘 이런 식이다. 성품이 나쁘지는 않은데 다른 본부장들에 비해 유독 분배하는 업무가 양도 많고 까다롭다. 그래서 그의 본부에 속한 팀들은 일에 치여 야근을 반복하다 결국 녹초가 되고 사생활이 거의 사라진다.

당신이 회사원이고 혹시 이 팀장이나 권 대리와 비슷한 상황에 놓인 것이 의심된다면 스스로에게 한번 질문해보라.

"지금 내가 하는 이 일들이 날 위한 것인가? 아니면 남의 일을 떠맡고 있는 것인가?"

회사원이라면 상사의 요구를 받아들이지 않을 방법이 없다. 그러다 '가만히 있으니 진짜 가마니로 보이나' 하는 심정으로 욱해서 회사를 관둘 각오까지 하며 상사와 한바탕 붙을 수도 있다. 하지만 대부분의 사람에게 힘들게 취직한 직장을 그만둔다는 것은 참으로 어렵다. 그렇다고 상사의 요구를 묵묵히 들어주자니 월급 몇 푼에 마음과 몸이 황폐해질 것이다. 하기 싫은 업무를 계속 떠맡는 것은 가슴을 답답하게 만들고 스트레스를 배가시킨다.

그런데 강 본부장 같은 상사는 당신을 일부러 괴롭히려고 그렇게 행동하는 것이 아니다. 좋은 상사도 아니지만 반사회적인 성격도 아니다. 그저 뭔가를 계속 요구할 뿐이다. 요구를 반복하다 보니 점차 직무 연관성이 떨어지는 일을 시키면서도 문제의식을 못 느끼는 것이다.

'분산'과 '서서히 멀어지기'가 최선의 해결책

애초에 상사가 무언가를 제안할 때 덥석 알겠다며 받아들이지 않는 것이 가장 좋다. 상사의 성향과 조직 내 인간관계의 역학 등을 고려하여 이후의 관계가 어떻게 될지 생각해본 다음에 그렇게 해도 늦지 않다. 어쩌면 상사가 여태껏 당신에게 많은 요구를 했던 까닭은 처음 관계를 설정할 때 잘못한 것일 수 있다. 상사의 요구에 당신이 응하는 태도를 보였는데, 이후 그 패턴이 반복되다가 굳어진 것은 아닐까?

불편하고 무례한 인간관계 대처법

하지만 이미 상사와 부하 직원인 당신의 관계가 오래되었고, 당신이 상사의 요구를 받아들이는 패턴이 자리 잡았다면 무언가를 계속 요구하는 상사를 부하 직원으로서 상대해야 하는 당신에게 '분산'과 '서서히 멀어지기'의 전략을 추천한다.

분산은 다음처럼 직장에서 적용해보자. 일단 상사와 단둘이 만나는 기회를 줄인다. 상사가 개인적 관계를 활용하여 뭔가를 더 요구할 수 있기 때문이다. 일거리를 계속 던지는 팀장이 있고 팀에 당신을 포함한 여러 명의 팀원이 있다면 최대한 미팅룸처럼 공개적인 장소에서 만나라. 그리고 업무 배분은 팀원들이 모두 모여 일 이야기를 하는 회의 시간에 할 수 있도록 하자. "팀장님, 업무 A, B, C는 어떻게 배분하면 좋을까요?" 이렇게 말이다. 카톡을 할 때도 어쩔 수 없는 경우가 아니라면 최대한 의사소통은 단체 카톡으로 하자. 반대로 일대일 채팅은 되도록 안 할수록 좋다. 보통 상사가 일대일 채팅 기능으로 말을 걸 때는 대체로 둘 중 하나다. 뭐라고 할 때, 혹은 무엇을 시킬 때다.

만약 팀장이 한 명, 팀원도 한두 명에 불과한 소규모 팀인데, 팀에서 완수해야 하는 업무를 맡을 적당한 사람이 항상 당신이라면 어떻게 해야 할까? 가능하다면 부서를 바꾸는 것이 가장 좋다. 그러나 도저히 그럴 수 없다면 '서서히 멀어지기' 전략을 써라.

일의 표적이 되고 있다는 것은 상사와 당신이 그만큼 관계의 거리가 가깝다는 의미다. 당신이 그게 좋든 싫든 말이다. 한번 표적이 되면 상사는 당신이라는 과녁을 향해 업무의 화살을 쏠 것이다. 그러니

과녁을 멀리 두라. 아무리 훌륭한 궁수라도 멀리 있는 과녁은 적중시키기 힘들다. 그렇다고 갑자기 아주 멀리 두면 궁수는 화를 낼지 모른다. 상사와 서서히 멀어지는 것이 이 전략의 핵심이다.

아무래도 "그건 제 일이 아니니 안 하겠습니다"라고 당당하게 말하기는 힘들다. 그보다는 완곡하게 "좋은 제안에 감사합니다만 좀 생각해보겠습니다"라고 말해보자. 이런 식의 대화가 몇 번 반복되면 상사도 이것이 거절의 표현임을 알아채기 시작한다.

갈대는 폭풍이 닥쳤을 때 몸을 누여 살아남는다. 굳이 강한 바람에 맞서지 않고 스쳐 지나가도록 한다. 이 자연의 섭리 또한 함께 기억하자.

어떻게 하면 좋을까?

상사인 장정숙 부장이 당신에게 B 프로젝트를 맡기고 싶다면서 "최승희 과장, 이건 자기네 팀이 가져가야 하는 프로젝트야. 진짜 좋은 기회란 말이지"라고 말하는 상황을 가정해보자. 그러나 도저히 당신 팀은 그 프로젝트를 할 여력이 안 된다. 이때 당신은 즉시 그 프로젝트를 깎아내릴 필요는 없다. 차라리 이렇게 응수하자.

"제안 감사합니다, 부장님. 부장님 말씀대로 B 프로젝트는 좋은 프로젝트지만 먼저 진행을 시작한 A 프로젝트도 벅찬 상황이라서

불편하고 무례한 인간관계 대처법

요. 저희 팀에서 여력이 될까 모르겠네요. 팀원들 생각도 들어보고 검토할 시간을 가져도 될까요?"

그런데도 장 부장이 계속 강권하면 어떻게 해야 할까? 당신은 지금 하는 일만으로도 힘든데 또 일을 떠맡는 것이 경우에 맞나 싶어 화가 날 수 있다. 그러면 '에라, 모르겠다. 이판사판이다'라며 맞서는 것이 좋을까? 아니다. 지나치게 감정적으로 대처하면 나중에 후회하는 것이 대부분이다. 그러므로 완곡하게 다시 한번 말하라.

"감사합니다, 부장님. 좋은 건이지만 저희 팀에서 여력이 안 돼서 도저히 지금은 하기 어렵겠습니다."

그래도 막무가내로 장 부장이 강권한다면? 어쩔 수 없이 한번은 넘어야 할 강이 있다고 각오해야 한다. 부하 직원으로서 상사에게 당당하게 의사 표현하기가 어렵겠지만 안 되는 것은 명확히 하자. 장 부장이 당신과 팀원들에게 직접 월급을 주는 사람은 아니다. 모두가 회사의 직원일 뿐이다. 도저히 안 되겠다 싶을 땐 단호하게 말하라.

"부장님, 지금은 저희 팀 사정상 도저히 안 되겠습니다."

이전의 대답들보다 더 짧고 분명하게 말하라. 한번은 거절해야 한다면 단호하게 이야기하자.

무언가를 계속
요구하는 사람에게 대처하기

카톡으로 업무 지시를 끊임없이 하는 상사

김지영 팀장은 강미라 대리의 상사다. 김 팀장은 입사한 지 얼마 안된 강 대리에게 밥도 잘 사주고 싹싹하다고 칭찬을 하더니 원래 업무가 아닌 일을 한두 가지씩 추가로 요구했다. 그것도 일대일 카톡으로.

그런데 어느 순간부터 직무와 관련 없는 업무를 시키는 게 아닌가. 강 대리가 생각하기에 다른 팀원들이 비해 자기가 일 시키기가 편한 사람이어서 그런 것 같았다. 김 팀장은 계속 일을 벌리고 그 수습은 자기가 하는 듯해서 기분이 나빴다.

퇴근 후 밤 9시 30분, 김 팀장에게서 카톡이 왔다. 점심때 새로운 프로젝트 이야기를 꺼내는 게 불길했는데, 역시 그 때문인가 싶어 불안한 마음으로 확인해보았다.

김

아까 말한 프로젝트 한번 해볼까요?
기획서와 실행 방안을 써서
이번 주 금요일 9시까지 제출하세요.

오후 9:30

불편하고 무례한 인간관계 대처법

☹ 좋지 않은 대처

▶ 바로 응답하기

강

네! 좋은 프로젝트를 제안 주셔서 감사해요.
바로 해서 좀 더 일찍 가져가겠습니다!

오후 9:31

여태껏 강 대리가 이런 식으로 반응했기에 김 팀장이 계속 일을 쉽게 시켰던 것이다. 성실하고 열정적인 것은 좋다. 그러나 그 프로젝트는 자신과 관련 없다는 점을 명심해야 한다.

▶ 카톡을 확인하지 않은 척하기

김

아까 이야기한 아이디어가 좋아요.
예상되는 효과를 수치화하고 엑셀로 정리해서
내일 9시까지 갖고 오세요.

1

카톡을 읽어도 안 읽은 것처럼 하는 속임수가 있다. 그러나 언제까지나 속일 수 없다. 더구나 내일 회사에서 봐야 할 사람인데 언제까지나 안 읽은 척할 수는 없다.

☺ 좋은 대처

▶ 좋은 제안이지만 좀 생각해보겠다고 말하기

유연하게 대처하고 단호하게 나를 지키다

> **강**
>
> 네, 팀장님. 좋은 제안에 감사합니다.
> 지금 제가 A, B 등 일이 많아 이번 프로젝트는
> 참여할지 생각해보겠습니다.

A, B 업무도 김 팀장이 준 것이다. 앞서 이야기했듯 일을 시키는 사람은 자신이 지시한 것이 얼마나 많은 시간을 잡아먹는지 생각을 잘 안 한다. 그러므로 강 대리는 자신이 현재 무슨 일을 하고 있는지를 정확히 짚어야 한다.

그런데 만일 지금도 업무가 넘치지만 그 프로젝트는 하는 게 좋겠다고 판단했다면 이렇게 대응하자.

> **강**
>
> 네, 좋은 프로젝트가 맞네요. 내일 9시 회의 시간에
> 참여할 수 있는 다른 팀원과 함께 이 부분을 함께
> 토의해보고 나눠서 진행한다면 시너지가 날 것 같
> 습니다.

버거운 프로젝트를 혼자 맡을 수는 없다. 그렇다고 상사의 요구를 무시할 수도 없다. 이 난감한 경우를 다른 대안과 방향을 제안함으로써 해결한다. 정말 좋은 프로젝트라면 팀원들과 함께 논의하고 배분하여 처리하면 된다. 즉, 업무를 분산해 공동의 과제로 구축하는 것이다.

불편하고 무례한 인간관계 대처법

무례한 사람에게
단호하게 대처하기

'무례하다'의 사전적 뜻은 '태도나 말에 예의가 없다'이다. 그럼 무례한 태도 혹은 말이란 무엇일까? 무례한 태도는 나를 무시하는 눈빛이나 비웃는 듯한 표정과 같은 비언어적인 방식을, 무례한 말은 이런 태도가 말로 나타나는 것을 가리킨다.

마음속에 무례한 의도를 품을 때 무례한 태도나 말은 자동으로 나오기 마련이다. 가령 다음처럼 말이다.

"야, 너 왜 이렇게 웃기게 생겼냐? 애들아, 얘 좀 자세히 봐."
"선배, 항상 패션이 은근히 촌스럽네요."
"지방대 하면 황 주임이잖아요. 아니에요?"

이 책에서 지금까지 불편한 사람들과의 인간관계를 다루었고 그 중 무례한 사람에 대해서도 살펴보았으나, 뛰는 놈 위에 나는 놈이 있다고 세상에는 차원이 다른 무례한 사람이 또 존재한다. 바로 '당신을 겨냥한 무례한 의도를 가진 사람'이다.

악의를 품은 사람과 정면승부는 금물!

인간관계에서 가장 중요한 것은 의도다. 피해를 입히거나 상처를 주는 것은 문제이지만 나쁜 의도로 그런 것이 아니라면 갈등과 오해를 풀고 충분히 관계를 회복할 수 있다. 상대를 오해해서, 인간관계에 서툴러서, 성격상 사람 대하는 게 어려워서 그랬던 것일 뿐이라면 장애물을 걷어내면 된다.

그러나 악의를 가진 사람에게는 단호하게 대처할 필요가 있다. 물론 악의를 지닌 이가 많지는 않다. 그러나 우리 중 누구도 악의를 지닌 이를 마주치지 않은 사람은 아마 없을 것이다. 그만큼 악의를 지닌 사람은 일상에 분명 있다. 그들은 앞서 살펴보았던 유형들 중 나르시시스트와 소시오패스에 무척 가깝다.

악의를 가진 사람이라고 해도 한순간 만나는 것에 불과하다면 웬만하면 어떤 대처도 하지 말고 그냥 넘어가는 편이 낫다. 일례를 들어보자. 도로에서 갑자기 차 한 대가 끼어들길래 큰 사고가 나는 걸 방지하기 위해 경적을 울렸다. 그런데 도로 한가운데에 차가 서더니

불편하고 무례한 인간관계 대처법

운전자가 문을 열고 나와 덤비려 든다. 굳이 그런 정신 나간 사람과 붙어 싸울 필요가 있을까?

세상에는 별별 사람이 다 있다. 반드시 당신이 아니어도 그 사람은 어디선가 누군가와 불협화음을 내고 있을 것이다. 이 악의를 가진 사람이 모두에게 같은 태도로 일관하고 있다면 당신이 나서서 다툴 필요가 없다. 왜냐하면 그 사람은 다른 이들과도 갈등 관계에 있으므로 조만간 자신의 한 짓에 대해 대가를 치를 것이다. 그리고 만약 대응한다고 해도 그때는 여럿이 함께해야 한다.

단호한 대처는 현명한 판단에서 나오는 마지막 카드

그렇다면 악의를 품은 사람에게 단호한 대처는 언제 하면 좋을까? 누군가가 당신에게 무례하게 행동한다면 다음 세 가지 질문에 스스로 답을 해보라.

- 그 사람은 나를 겨냥한 악의를 가지고 있는가?
- 나는 그 사람과 반복해서 만나야 하는가?
- 더는 그 사람에게 다른 방법으로 대처할 수 없는가?

세 가지 질문 중 하나라도 당신이 "아니오"라고 답한다면 단호한 대처가 아닌 다른 방법을 써도 좋다. 사회생활에서는 단호하게 행동하는 것이 쉽지 않다는 점도 고려해야 한다. 차라리 악의를 품은 사람을 적절히 피할 수 있거나 혹은 다른 방식으로 상황을 넘길 수 있다면 그것도 좋은 대처다. (앞서 다루었던 '무언가를 계속 요구하는 사람'에 대한 대처를 참고하는 것도 어느 정도 도움이 될 것이다.)

그러나 도저히 더 이상 안 되겠다고 판단해서 단호하게 대응해야 겠다고 마음먹었다면 한 가지 원칙을 지켜서 그렇게 해라. 그 원칙은 바로 '악의적인 사람에게는 절대로 감정적으로 대응하지 않는다'는 것이다. 직접 붙어서 싸우거나 엄청나게 화내는 것은 오히려 본인에게 독이 된다.

그러므로 이럴 때는 즉각적으로 대응하지 말고, 일단 속사정을 털어놓을 만한 친한 사람과 지금의 상황에 대해 이야기를 나누어보라. 누가 봐도 당신을 깎아내리는 것이 분명하다고 해도, 참을 때와 단호하게 대처할 때 각각 어떻게 될지 함께 토의해보라. 이렇게 하다 보면 예상 외로 현명하게 대처하는 방법을 찾을 수도 있다.

자, 당신이 상황에 대해 충분히 숙고하고 다른 사람과 대화하면서 시뮬레이션까지 해보았는데도, 상황을 그냥 넘길 수 없다는 결론에 다다랐는가? 그렇다면 단호하게 자신의 경계를 구축함으로써 스스로를 지켜야 한다. 인생에서 때로는 단호하게 거절하고 대처하는 것도 필요하다. 특히 누군가가 악의적인 의도로 다가오는 것이 명확하다면 당신이 호락호락하지 않다는 것, 무시할 만한 사람이 아니라는 것을 보여주어야 한다.

그리고 한 가지를 기억하라. 단호한 대처를 한 다음, 상대와 다시

불편하고 무례한 인간관계 대처법

화해하고 관계를 풀 여지가 있다는 점 말이다. 악의가 있었다고 해서 반드시 평생의 적이 되는 것은 아니다.

이제부터 남에게 악의를 가진 사람을 두 부류로 나누어 소개하겠다. 첫 번째는 교묘한 늑대와 같은 부류고, 두 번째는 압도적인 사자와 같은 부류다.

교묘한 늑대
같은 사람

늑대는 포식자지만 표범이나 사자만큼 무서운 존재는 아니다. 북미나 러시아에 사는 늑대는 50킬로그램이 넘어가기도 하나, 아라비아나 인도에 사는 늑대는 20킬로그램 정도로 크지 않다. 사실 늑대의 무서운 점은 몸집이 아니다. 교묘함이다. 늑대는 자신보다 큰 동물을 만났을 때 으르렁댈 뿐 웬만해서는 정면으로 달려들지 않는다. 그런 상황에서 상대 동물이 늑대를 물리칠 수도 있겠다 하고 안일하게 있으면 곧 십수 마리의 늑대 무리를 맞부딪치게 된다. 아뿔싸! 맨 처음 본 늑대는 정찰대였음을 그제야 깨닫는다.

그렇다면 늑대 한 마리를 만났을 때 두려움에 등을 보이고 달아나면 어떻게 될까? 그 늑대는 다른 늑대들이 그곳에 합류할 때를 더 이상 기다리지 않고 곧바로 상대 동물의 등을 향해 맹렬하게 달려들어 물어뜯고 만다.

이제부터 다룰 무례한 사람의 유형은 바로 늑대와 비슷한 행태를 보인다. 따라서 아예 안 만나는 게 가장 좋다. 하지만 어쩔 수 없이 마주했다면 초반에 단호하게 대처하는 게 낫다. 특히 늑대와 같은 사람이 당신을 에워싸지 않도록 틈을 보이지 말아야 한다. 당신도 당신을 지지하는 사람과 함께 있든지, 당신을 위한 안전한 장소로 얼른 피신하도록 한다. 또 하나, 벌써 마주하고 있다면 늑대와 같은 사람과 너무 오랫동안 가까운 거리에 있지 않는 것이 중요하다.

별것 아닌 상대의 실체를 꿰뚫어보라

신기하게도 세상에는 늑대처럼 교묘한 의도를 가지고 접근해오는 사람이 있다. 남을 이용하기 위해, 깎아내리기 위해, 무시하기 위해 다가온다. 그리고 그는 우리가 등을 보이며 도망치기만 기다린다.

늑대가 울타리를 넘을까 말까 고민하는 시점에서는 초반의 대처가 중요하다. 기선제압에서 밀리면 그다음에는 훨씬 어려워진다. 그러므로 이 유형을 만났을 때는 정면으로 응시하는 것이 중요하다. 상대가 정말로 그토록 무서운 존재인지 살펴라. 상대는 표범도, 사자도 아니다. 그저 늑대다. 정신을 똑바로 차리고 살펴보다 보면 상대의 패가 보인다. 상대의 패를 모를 때는 두렵겠지만 패를 안 다음에

◆

늑대를 무리와 힘을 합쳐 다른 동물의 뒤를 친다.

늑대와 같은 유형의 사람도 마찬가지로 교묘한 의도로 접근해 사람 뒤통수를 친다.

작품 및 작가 정보: 〈The Lone Wolf〉,

Alfred von Wierusz-Kowalski(Polish, 1849-1915).

불편하고 무례한 인간관계 대처법

는 의외로 해볼 만하다.

여러 사람이 모인 자리에서 한 늑대 같은 사람이 당신을 놀리기 시작했다. 그러다 순간 모두가 함께 웃었다. 이럴 때 보통은 늑대에 에워싸인 느낌 탓에 위축된다.

그러나 정면을 보라. 다른 사람들은 늑대가 말한 유머를 가장한 교묘함에 속아 잠시 웃었던 것뿐이다. 그 상대가 정말 당신의 인생을 뒤흔들 수 있는가? 아닐 것이다. 이처럼 상대의 실체를 알고 나면 생각보다 별것 아닌 경우가 상당수다.

교묘함을 물리칠 무기는 짧고 단호한 메시지

유치원에서는 아이들에게 낯선 이가 다가올 때의 대처법을 알려준다. 예를 들면 이렇다.

놀이터에서 만난 아저씨가 사탕을 건네며 말을 건다. "너희 엄마가 나한테 너를 데리고 오라고 하셨어. 아저씨랑 같이 가자." 이처럼 회유 상황에 놓일 때 유치원에서는 상대의 눈을 똑바로 보면서 거절의 말을 큰 소리로 하라고 한다.

"아니에요, 분명 엄마가 좀 이따 온다고 했어요."
"싫어요."
"안 가요."

어린아이에 불과하지만 큰 목소리와 단호한 거절 표시, 똑바로 보는 시선에 나쁜 마음을 먹은 아저씨는 당황한다. 아이의 기세에 억지로 데리고 갔다가는 고래고래 소리를 질러 사람들의 이목을 끌지 모른다는 생각이 들자 아저씨는 자신도 모르게 뒷걸음친다.

당신도 이 아이처럼 해야 한다. 교묘하게 다가온 늑대와 같은 사람을 날카로운 눈빛으로 똑바로 응시하고, 많은 말이 아닌 짧고 단호한 말을 하라. 이것이 핵심이다.

이제부터 실전에서 바로 쓸 수 있는 유용한 방법을 알아보자. 대처 정도에 따라 크게 순한 맛과 매운맛, 두 가지 방법을 준비했다. 각자의 상황과 본인 성격에 맞추어 활용하면 좋을 것이다.

순한 맛 대처법: 의미를 물어보기

당신을 처음 만난 지 얼마 안 된 상대가 무시하는 것 같기도 하고 아닌 것 같기도 할 때는 어떻게 하면 좋을까? '어쩌면 상대는 단순히 농담을 한 게 아닐까? 나와 친해지기 위해서…' 알쏭달쏭한 순간에도 가만히 생각해보면 당신은 분명 알 것이다. 상대가 평소에 당신을 어찌 대하고 있는지를 돌이켜보면 답이 나온다.

기분이 불편해질 정도의 말을 아무렇지도 않게 하는 상대가 전혀 문제의식을 못 느낀다면 그것은 대부분 친밀감의 표현이 아니다. 더욱이 안 지 얼마 안 된 사람에게 기분 나쁜 농담을 반복한다면 결코 좋은 신호가 아니다.

이 유형에게 대처하는 방법을 알려주겠다. 먼저 비교적 따라 하기 쉬운 순한 맛 대처법이다. 상대가 말할 때 그 의미를 바로 물어보는 것이다.

순한 맛 대처법:
은근슬쩍 무시하는 사람에게 대처하기

무례한 농담을 하는 입사 동기

상대는 아직 서로 잘 모르는 입사 동기 황병수다. 입사 동기는 총 일곱 명이지만 상대는 처음부터 유독 나진희에게만 기분 나쁜 농담을 했다. 퇴근 후 동기들이 다 같이 뭉치자고 해서 회사 건물 앞에서 만났다. 그때 병수는 어김없이 진희를 건드리는 말을 했다. "진희 씨는 참 맹한 구석이 있어요." 그는 이 말을 하면서 호탕하게 웃었다. 그러고선 다른 동기에게 눈길을 돌리며 자신의 농담이 재밌지 않냐는 표정을 지었다. 이럴 때 당신이 진희라면 어떻게 대처하겠는가?

😞 좋지 않은 대처

▶ 그동안 쌓였던 감정을 폭발시키기

"뭐라고? 당신 말 다 했어? 맹하다고? 미친 것 아냐?"

이렇게 대꾸하면 상대는 적반하장으로 굴 것이다. "그냥 농담일 뿐인데 왜 이렇게 과하게 반응해요?"라며 같은 자리에 있는 다른 동기들도 어쩌면 병수의 편을 들지 모른다. 과한 반응에 뜻하지 않게 진희가 분위기 파악을 못하는 사람으로 취급받을 수 있다.

▶ 인정하기

"아, 맞아요. 내가 업무 중에 아까 한 실수 때문이죠?
전 정말 맹한 것 같아요. 하하하."

진희가 병수의 말을 인정하는 순간, 진희는 정말 맹한 사람이 되어버린다. 그 뒤로 계속 맹하다며 병수가 말로 못살게 굴어도 반박하기가 어려워진다.

▶ 시선을 피하면서 화제 돌리기

"하하하, 참 내가 왜 그랬는지…. (화제를 전환하며)
아, 우리 이제 저녁 먹으러 갈까요?"

불편하고 무례한 인간관계 대처법

진희가 등을 보이는 순간 병수는 앞으로 이런 식으로 말해도 된다고 여긴다. 시선을 피한 진희가 자신감 없는 성격이라고 파악하고 강도를 더 높일 것이다. 비꼬는 말투로 "맹한 사람이 추천하는 식당은 가고 싶지 않아요"라든지, 식당에 가서는 "역시 맹한 사람이 가자고 한 식당이어서 그런지 음식 맛도 맹하네요"라며 더욱 센 농담을 서슴없이 할 것이다.

☺ 좋은 대처
▶ 무슨 의미인지 묻기

> 병수: 진희 씨는 참 맹한 구석이 있어요.
> 진희: 맹하다고요? 그게 무슨 의미예요?

우리는 스스로를 지켜야 한다. 맹하다고 한 것을 웃으면서 넘길 수는 없다. 정색하고 다시 묻자. 그게 무슨 의미인지 말이다. 진희의 반응에 병수는 굉장히 당황해할 것이다. 더구나 병수는 진희의 단호한 눈빛을 보면서 만만치 않다고 느낄 것이다.
그런데 어떤 사람은 이 같은 반응에 매우 능숙하다. 병수가 그런 경우라면 되받아치기 마련이다. 그럴 때는 다시 눈을 정면으로 보고 의미를 다시 한번 묻도록 한다.

병수: 왜 그렇게 예민하게 굴어요. 그냥 웃자고 하는 이야긴데요!

진희: 네? 나보고 예민하다니 그건 무슨 의미죠?

상대의 말에 정색하며 그 의미를 물어보라. 큰 소리보다는 낮은 소리가 훨씬 효과적이다. 차분한 태도가 오히려 상대를 당황하게 한다. 대부분의 교묘한 늑대는 꼬리를 내리기 시작할 것이다. 이런저런 핑계를 대거나 방금 본인이 내뱉은 말을 무마하려고 하면서.

매운맛 대처법: 말을 그대로 비추기

처음 인간관계를 맺을 때 제대로 대처하지 못한 탓에 상대가 당신을 무시하고 이용하려 들면 어떻게 대처해야 할까? 이제는 알쏭달쏭하던 적의가 분명해져 날카로운 말과 조롱 섞인 표정으로 당신을 대한다면 어떻게 하면 좋을까?

교묘한 늑대가 주위를 서성이다 아예 울타리를 넘으려고 하는데 목동인 당신이 이를 막으려고 하는 상황을 그리며 대처법을 찾아보자. 우선 적당히 타협하는 경우다.

"그만하자. 얼른 집에 가!"
"나는 너와 싸우고 싶지 않아."
"내가 좋은 걸 줄 테니 그만해라."

이렇게 타이른다고 이미 날카로운 이를 드러낸 늑대가 과연 그냥 물러날까? 아니다. 늑대는 목동을 별것 아니라고 여기고 오히려 인정사정을 봐주지 말아야겠다고 생각할 것이다.

늑대를 막을 재주도 없고, 사나운 늑대가 무섭기도 해서 두 눈을 감고 그냥 양 한 마리만 양보할까 싶지는 않은가? 그러나 한 마리를 양보하면 그 일을 계기로 어쩌면 당신이 소유한 모든 양이 무사하지 못할 수 있다. 왜 애써 오랜 시간을 공들여 키운 양들을 잃어야만 하는가?

인간관계에서도 마찬가지다. 무례한 사람은 마치 양을 노리는 늑대와 같다. 왜 당신 삶의 중요한 시간과 자원, 자존감을 잃어야 할까? 그러므로 늑대처럼 울타리를 넘으려는 사람에게는 초반부터 아주 세게 한 방 먹여야 한다.

여기서 착각해서는 안 될 점이 하나 있다. 초반부터 한 방 먹이는 것은 공격이 아닌 방어다. 그러나 실제로 해보면 그 위력이 꽤 강력해서 적어도 상대는 당신을 깔보지 못하게 된다. 다시 말하건대 매운맛 대처법이어도 방어법이니 망설이지 말고 당신을 향해 나쁜 의도를 가진 이가 있다면 유용하게 사용하길 바란다.

매운맛 대처법의 핵심은 상대의 말을 똑같이 거울로 비추는 것이다. 사례들을 통해 활용법을 자세히 알아보자.

매운맛 대처법:
대놓고 무시하는 사람에게 대처하기

1. 명백히 깔보는 말을 하는 경우

> 병수: 우리 진희 씨는 참 맹한 구석이 있어요.
>
> 진희: 네, 병수 씨도 참 맹한 구석이 있어요.

상대가 당신에게 말한 것을 바로 돌려주는 것만으로도 그 행동을 멈추는 효과를 볼 수 있다.

2. 은근히 기분 나쁘게 하며 건드는 경우

> 병수: 진희 씨, 헤어스타일이 참 특이하네요.

이 말은 교묘한 표현이다. 특이하다는 것이 뭘까? 듣기에 따라 여러 가지로 해석되기에 모호하다. 앞서 살펴본 '맹하다'는 표현은 분명히 진희를 향한 공격인 데 비해, '특이하다'는 나쁜 의도가 들어 있지 않은 중립적 표현처럼 들리기도 한다.

하지만 '예쁘다', '멋지다', '잘 어울린다'라는 일반적으로 좋은 의도로 하는 흔한 말들과는 확실히 결이 다르다. 게다가 '특별하다'는 뜻도, '고유성이 있다'는 뜻도 아니라는 점에서 기분을 나쁘게 하는 표현이 맞다.

처음에 진희가 이 말을 들었을 때는 '이게 무슨 말이지? 뭔 의미이지?' 했을 테고 어영부영하다 반응할 타이밍을 놓쳤을 것이다. 그러나 병수는 모호한 말을 딱 한 번만 하고 말 사람이 아니다. 생각보다 금방 또다시 같은 패턴의 말을 할 때 바로 말을 돌려주어라.

> 병수: 진희 씨, 오늘 패션이 참 특이하네요.
> 진희: 네, 병수 씨도 패션이 참 특이해요.

병수가 정말 좋은 의도로 진희에게 말했던 거라면 기분 좋게 진희의 말을 받아들일 것이다. 그러나 그렇지 않다면? 순간 병수는 표정부터 달라질 게 뻔하다. 결국 자기 말에 자기가 당하는 셈이다.

3. 물어보는 투로 무시하는 경우

> 병수: 진희 씨, 오늘 옷이 왜 그래요? (웃음)

이 말을 하는 병수의 표정이나 그동안 말해왔던 방식을 보면 분명히 진희를 놀리는 표현이다. 그런데 이 말은 의문문 형식이라 자칫

하면 엉겁결에 진희는 반사적으로 "왜, 뭐가 이상해요?"라고 반응할 수 있다. 그러면 병수는 "그런 옷은 진희 씨랑 안 어울리죠. 다른 사람들도 다 싫어할 거예요"라는 식으로 은근히 폄하할 것이다. 심지어 "나니까 그래도 이런 이야기를 해주는 거예요"라는 터무니없는 말까지 덧붙일지 모른다.

병수의 대화 패턴에 절대 휘말리지 말자. 명백한 악의가 있음을 안다면 이유조차 묻지 마라. 그냥 들은 말을 비추라.

> 병수: 진희 씨, 오늘 옷이 왜 그래요? (웃음)
>
> 진희: 병수 씨는 오늘 옷이 왜 그래요? (웃음)

그럼 병수처럼 나쁜 의도로 말하는 데 노련한 사람이라도 당황해서 "왜요?"라고 반응할 수 있다. 이럴 때는 "나야말로 하고 싶은 말이다"라는 취지의 대답을 하자. "네가 잘 알 거다"라고도 하자. 상대가 그렇게 말한 의도를 잘 알고 있다는 표현이다.

자, 다시 한번 사례를 살펴보자.

> 병수: 진희 씨, 오늘 옷이 왜 그래요? (웃음)
>
> 진희: 병수 씨는 오늘 옷이 왜 그래요? (웃음)
>
> 병수: 왜 내 옷이 어때서요?
>
> 진희: 그게 내가 하고 싶은 말이에요.

불편하고 무례한 인간관계 대처법

병수: 진희 씨, 오늘 옷이 왜 그래요? (웃음)

진희: 병수 씨는 오늘 옷이 왜 그래요? (웃음)

병수: 왜 내 옷이 어때서요?

진희: 병수 씨가 잘 알겠죠.

병수: 진희 씨, 오늘 옷이 왜 그래요? (웃음)

진희: 병수 씨는 오늘 옷이 왜 그래요? (웃음)

병수: 왜 그러는데요? 뭐가 묻었어요?

진희: 거울 보면 알 거 아녜요?

이처럼 반응하면 병수는 속마음이 들킨 듯 깜짝 놀랄 것이다. 그러면서 "사실 그게 좋은 뜻으로 말한 건데…"라고 서둘러 변명할 수도 있다. 말도 안 되는 소리지만 그냥 "알겠어요" 정도로 그 자리를 마무리하는 게 좋다.

4. 상대가 대놓고 나를 무시하는 경우

병수: 진희 씨, 그거 알아요? 오늘 되게 바보 같아 보여요. (웃음)

웃으며 이런 말을 한다는 것은 병수가 선을 한참 넘었다고 보아야한다. 아마 진희가 이유를 물어도 대답을 잘 안 할 것이다. 진희가 따지고 들면 "왜 그리 예민하게 굴어요?" 하고 응수할 것이다. 그럴 경우, 그 말을 똑같이 하면 된다. 무례한 병수처럼 웃어가며 유머러스하게.

이런 대화는 다양한 상황에서 일어날 수 있다. 몇 가지 사례를 통해 살펴보자.

> 병수: 진희 씨, 그거 알아요? 오늘 되게 바보 같아 보여요. (웃음)
>
> 진희: 병수 씨, 오늘 거울 안 보고 출근했나 봐요?

> 병수: 우리 착한 진희 씨, 배식대 가서 내 반찬 좀 퍼올래요? (웃음)
>
> 진희: 병수 씨가 가서 내 반찬 좀 퍼올래요?

> 병수: 아이고 진희 씨, 한 살 더 먹더니 주름이 많이 생겼네요.
> 피부가 예민해졌나 봐요. (웃음)
>
> 진희: 병수 씨도 주름이 많아 보이네요. 우리 동갑이잖아요.

사악한 의도를 가진 사람에게 절대 밀리지 마라. 상대의 의도를 잘 알고 있음을 비추라.

불편하고 무례한 인간관계 대처법

압도적인 사자
같은 사람

사자는 자신보다 약한 동물을 기가 막히게 잘 파악하고 있다. 야생에서 사자가 접근한다는 것 자체만으로도 상대 동물에 대한 계산이 끝났다는 뜻이다. 이것이 사자를 만나면 어떤 동물이든 자연히 위축되는 까닭이다.

앞서 살펴보았던 늑대 같은 유형은 교묘하게 우리가 약해지기를 기다리는 것이 특징이었다. 그렇기에 이 유형에 대한 가장 좋은 대처법은 우리가 건재하다는 사실을 단호하게 알리는 것이었다. 이에 비해 사자 같은 유형은 또 다르다. 사전에 약점을 알고 상대에게 접근하기에 같은 방법이 통하지 않는다. 이 유형의 눈에는 많은 사람이 쉬운 먹잇감에 불과하다. 이 관계를 잘 보여주는 사례를 살펴보자.

한 기업에 근무하는 박정운 본부장은 이윤아 과장에게 자주 농담 아닌 농담을 하면서 슬슬 약을 올리곤 했다. 이 과장은 너무나 기분이 나빴지만 박 본부장이 본인이 속한 본부의 실세라는 점을 고려해 참고 있었다. 하루는 박 본부장이 직원들이 많은 복도에서 지나가던 이 과장을 불러 세우더니 큰 소리로 물었다.

"이 과장, 요즘 예민한 일 있어? 아, 맞다. 얼마 전 남자 친구에게 또 차였지? 근데 그렇게 인상을 쓰면 더 늙어 보여."

내성적인 성격의 이 과장은 순간 몸도 머리도 굳어버렸다. 그래서 자신도 모르게 반사적으로 "아 네, 알겠습니다"라고 대답하고 겨우 그 자리를 떠났다.

이처럼 당신을 무시하거나 무례하게 구는 사람이 조직에서 영향력이 크다면 어떻게 하는 것이 좋을까? 그뿐 아니라 반사회적인 성향이 다분하다면?

사자는 가장 약하고 쉬운 동물부터 노린다

사자 한 마리가 초원에 나타나는 순간 무수한 동물이 겁을 먹는다. 그런 사자가 다가온다고 상상해보자. 대단한 힘을 가졌기에 자신감이 넘치고 걸음걸이부터 남다르다. 동물들이 보기에 사자는 너무나 대단한 존재고, 반대로 사자에게는 웬만한 동물들이 안중에 없다. 학교 폭력이나 직장 내 따돌림, 갑질 사건 등의 피해자와 가해자의 서로에 대한 시각도 이와 마찬가지다. 피해자에게 가해자는 거대한 사자와 같다. 그래서 가해자를 보면 피해자는 위축된다.

남을 무시하고, 또한 남에게 무례하게 구는 사람이 같은 조직에 있다면 우선 표적이 안 되는 게 상책이다. 가능하다면 이 유형과는 되도록 멀리 떨어지도록 한다. 주변에 다가갔다가는 무슨 힘든 일이 벌어질지 모른다. 애초에 아예 만나지 않으면 더 좋을 것이다.

하지만 이 유형과 벌써 불편한 관계에 놓였다면 얼마 동안이나 함께 지내야 하는지를 현실적으로 따져보라. 혹시 인사이동을 앞두고 있지는 않은가? 파견 기간이 끝나가는 본사 직원은 아닌가? 얼마간만 버티면 된다고 판단했다면 힘들어도 굳게 마음먹고 참는 것도 한 가지 방법이다.

그런데 많은 이가 참고 참다가 저항할 수 없는 무기력에 빠진다. 결국 가출, 자퇴, 퇴사를 하게 되는 원인이 된다. 그 과정에서 지독한 우울증을 앓거나 자해, 자살 시도 등 건강을 해치는 일도 발생한다.

이처럼 도저히 더 이상 참지 못할 단계에 이르렀다면 적극적으로 대처해보자. 과연 당신이 쉽게 이길 수 없는 상대에게 어떻게 대처하는 것이 좋을까?

다시 한번 사자의 생태를 살펴보자. 야생에서 사자는 아무 동물이나 사냥하지 않는다. 의외로 가장 손쉽게 사로잡을 수 있는 먹잇감을 노린다. 당연히 맹수보다는 초식동물을, 그중에서도 부상을 당해 약해진 동물이나 새끼를 타깃으로 삼고 뒤에서 덮친다.

내가 만만치 않다는 것을 짧고 강하게 보여주라

언젠가 내가 직접 다큐멘터리에서 본 장면이다. 강물에 있던 악어 한 마리가 사자가 득실득실한 뭍에 대범하게 올라오더니 사자의 먹이를 빼앗았다. 사자는 여덟아홉 마리나 되었지만 아무도 악어에게 덤비지 않았다. 그랬다가는 악어의 커다랗고 위협적인 입에 물려 희생당할지 모르기 때문이었다. 즉, 자신이 피해를 보는 것이 두려워 모든 사자가 구경만 하는 것이었다.

사자와 같은 유형도 마찬가지다. 이 유형에 대한 가장 좋은 대처법은 당신이 만만치 않은 사람임을 가르쳐주는 것이다. 당신을 건드렸다가는 실질적으로 손해를 보게 될 것임을 깨닫게 하자.

갑질을 하고, 괴롭히는 상대가 조직 내 영향력이 크거나 반사회적인 성향이라면 일반 사람을 대하듯 감정에 호소해서는 문제가 해결될 리 없다. 오히려 당신의 약한 모습에 더 기고만장할 게 뻔하다. 당신이 "이제 그만두겠습니다"라며 사표를 내면 이 유형은 "자네가 어디 가서 이 월급 받겠어. 자신 있어?"라며 비웃기 쉽다. 이토록 자신감 넘치는 사람을 멈칫하게 하는 것은 단 한 가지다. 바로 당신을 괴롭히는 행동을 계속하면 자신에게 실질적인 손해가 발생할 수 있음을 깨닫게 하는 것이다.

불편하고 무례한 인간관계 대처법

◆

'초원의 왕' 사자는 다른 동물들을 압도한다.

이 유형의 사람은 다른 사람들을 약자로 보고 무시하고 무례하게 군다.

작품 및 작가 정보: 〈Throning Lion〉, Ludwig Knaus(German, 1829~1921).

유연하게 대처하고 단호하게 나를 지키다

나는 많은 임상 사례를 통해 이 유형은 자신의 이득에 민감하다는 사실을 알았다. 손익 계산이 빠른 이 유형은 이익 계산에 능한 만큼 자신의 혹시 모를 피해에도 놀랍도록 민감하다. 그래서 자신이 피해를 입을 수 있다고 판단되면 깜짝 놀라 뒷걸음친다. 아이러니하게도 남에게 상처를 잘 주는 이 유형이 상처 입는 것을 가장 무서워하는 형국이다. 사자와 같은 유형은 가진 것이 많으니 잃을 것도 많다. 자신의 평판, 자리, 이득을 잃을까 봐, 자신의 삶에 눈곱만큼이라도 손해가 올까 봐 두려워한다.

그러므로 당신의 삶에 피해를 입히는 사람이 있다면 정면으로 쏘아보며 온 힘을 다해 저항하라. "한 걸음만 더 다가오면 당신 역시 큰 타격을 입을 것이다"라고 말하라. 그렇게 하면 사자와 같은 유형은 괜히 벌집을 건드는 것이 아닐까 싶어 오던 길을 돌아서 간다.

압도적인 사자 같은 사람에게 대처하기

1. 공개적으로 아무렇지 않게 모독하는 상사
먼저 거론했던 박정운 본부장과 이윤아 과장 사례를 다시 들여다보

자. 박 본부장은 비난과 조소가 섞인 선 넘는 표현으로 이 과장에게 모욕감을 느끼게 했다. 이때 이 과장은 생각한다. '나는 당신을 공격할 마음이 없었다. 나는 일을 하러 이곳에 출근하는 사람일 뿐이다. 그래서 당신의 부당한 처사에도 처음에는 피했다. 그러나 이렇게까지 나온다면 나도 가만히 있지 않겠다.'

단호하게 대처하겠다는 결심이 섰다면 다음 3단계를 차례로 밟아라.

- 1단계: 정면을 보고 분명한 말과 당당한 자세로 말하라.
- 2단계: 당신을 가장 건든 단어를 상대에게 비추라.
- 3단계: 분명하게 경고하라.

이때 상대가 여러 사람이 있는 공개적인 장소에서 당신을 괴롭혔다면 당신도 공개적인 장소에서 대처하라. 그리고 괴롭힘을 당했을 때 바로 행동을 취하라. 무엇보다 상대를 정면으로 응시하면서 짧고 단호하게 말하는 것이 중요하다.

😞 좋지 않은 대처

▶ 반사적으로 "네"라고 말하고 자리를 회피하기

본부장	이 과장, 왜 요즘 예민한 일 있어? 아, 맞다. 얼마 전 남자 친구에게 또 차였지? 근데 그렇게 인상을 쓰면 더 늙어 보여.
과장	아 네, 알겠습니다. (얼른 자리를 떠난다.)

사생활을 대놓고 떠벌리고 선을 넘는 표현을 아무렇지 않게 하는 박 본부장의 무례함이라면 누구든 순간적으로 너무 놀란 나머지 그 자리에서는 대처를 잘하지 못할 수 있다. 하지만 이런 회피는 당신의 약함을 더욱 두드러지게 할 뿐이라는 점을 기억하고 다음에는 잘 대처하자.

😊 좋은 대처
▶ **나를 가장 건든 단어를 상대에게 비추기**

본부장 이 과장, 왜 요즘 예민한 일 있어? 아, 맞다. 얼마 전 남자 친구에게 또 차였지?

과장 본부장님, 차였다고요?[2단계 적용] 지금 위험한 말씀하신 거 아시죠?[3단계 적용]

본부장 이 과장, 왜 요즘 예민한 일 있어? 그렇게 인상 쓰면 더 늙어 보여.

과장 (정면을 바라보며)[1단계 적용] 본부장님, 늙어 보인다고 요?[2단계 적용] 지금 성희롱하신 거 아시죠? 선 넘으셨 어요.[3단계 적용]

이 과장은 박 본부장이 했던 말 중에서 잘못된 점을 모두 짚어냈다. 이 과장의 말대로 박 본부장은 선을 넘어도 한참 넘었다. 박 본부장의 발언은 개인 간에 갈등을 빚는 수준을 넘어 법적 문제까지 초래할 수 있다. 아마 박 본부장은 비슷한 수위의 표현을 이전에도 여러 사람에게 했을 게 분명하다. 따라서 회사 직원들의 여론은 당연히 이 과장의 편일 것이다.

2. 압도적인 사자 같은 사람이 하는 사과에 대처하기

얼마 뒤 박정운 본부장이 이윤아 과장에게 그간의 일에 대해 사과를 했다. 이런 경우에는 어떻게 대응하면 좋을까?

사과에 진정성이 있는지를 확인하는 게 먼저다. 인간이니 실수할 수 있다고 여긴다면 사과를 받아들이고 갈등을 풀도록 한다.

그러나 주변 분위기나 조직 내 여론에 떠밀려 사과를 억지로 하는 기색이 역력하다든지, 사과의 말조차 능글맞게 한다든지 등등 사과는 형식에 불과할 뿐 진심이 느껴지지 않는다면, 화해하자고 내미는 손을 붙잡지 마라. 그럴 때는 다시 한번 분명히 말해야 한다.

본부장   이 과장, 난 그냥 장난이었는데 왜 이렇게 공격적으로 말해. 나 굉장히 당황했잖아. 기분 상했다면 미안하니 화 풀어.

과장   부장님, 선 넘으셨고, 성희롱하셨어요. 분명히 말씀드리지만 앞에서든 뒤에서든 선 넘지 마세요.

박 본부장과 이 과장의 일은 여기서 잘 끝맺음될까? 그건 알 수 없다. 그런데 겉으로는 화해의 제스처를 보인 본부장이 나중에 실질적인 보복을 하려 할 수 있다. 그럴 때는 지체하지 말고 피해자 역시 조직의 공식 채널을 통해 대응해야 한다. 시스템은 언제나 개인보다 강력하다.

사자보다 더 강한 존재가 있음을 기억하라

다행히 우리는 야생에서 살아가지 않는다. 시스템이 잘 마련된 사회 속에 있다. 비록 당신이 조직에서 상사에게 부당한 일을 당했고 되갚을 힘이 없다 해도 방법이 있다. 상사가 부서장이라면 그 위에는 상무가 있고 이사가 있고 사장이 있다. 또 인사과가 있다. 한창 당하고 있을 때는 시야가 좁아져 잘 안 보일 수 있지만 분명 그 사람보다 더 큰 힘을 갖고 있는 존재가 있다. 뿐만 아니라 회사 바깥으로 시야를 넓히면 또 다른 시스템이 있다.

이처럼 더 강한 존재의 힘을 빌어라. 본부장이 당신에게 해를 가했다면 그 위의 상사들, 혹은 인사과에 직접 말하자.

보통 사자와 같은 유형처럼 무례하고 오만한 사람은 평소에도 여기저기에서 선 넘는 표현을 남발했을 것이다. 그러면서 징계받을 만한 짓을 여러 번 했을 가능성이 크다. 당신이 이 문제를 혼자 해결하기 힘들다면 괴롭힘을 겪은 다른 사람과 같이 힘을 합치는 것도 좋은

불편하고 무례한 인간관계 대처법

방법이다.

아무도 당신에게 월급을 지급한다는 빌미로 존엄성과 자존감을 무너뜨릴 수 없다! 혹시 박 본부장 같은 이가 "누구 덕분에 당신이 그 자리에 있는지 아냐?"고 따진다면 정면을 보며 단호하게 말하라.

"본부장님 덕분은 아닙니다!"

실제로 그렇다. 심한 괴롭힘을 당하면서도 당신은 그 자리에까지 왔다. 한번 상상해보자. 괴롭힘이 아예 없었다면 얼마나 더 올라가고 뻗어갔을지를.

당신은 남에게 울타리를 함부로 넘어오라고 허락한 적이 없다. 그럼에도 무례하게 울타리를 넘으려는 자들이 있다면 당신은 '안 된다'는 거절의 표시를 명확히 해야 한다.

"지금 선 넘으셨어요."
"그만하세요."
"분명히 경고합니다."

정리 노트

3장에서는 불편한 인간관계, 악의를 품은 무례한 인간관계에 대한 대처법을 다루었다. 이를 잘 익혀 일상에 적용한다면 다양한 인간관계에 대해 유연하게 대처하면서도 단호하게 스스로를 지킬 수 있을 것이다.

불편한 인간관계 유형과 그 대처법은 무엇인가?

유형 ① **상대의 욕구를 잘 모르는 사람**

대처법 이 유형은 좋은 의도를 가지고 있으나 어떻게 해야 상대가 좋아하는지를 잘 모른다. 따라서 당신이 원하는 바를 정확하게 말해주는 게 좋다.

유형 ② **친해지자며 부담스럽게 다가오는 사람**

대처법 원래부터 남이 관계의 거리를 좁혀오는 데 부담을 느끼는 사람도 있고, 반대로 남에게 친근하게 잘 다가가는 사람도 있다. 당신이 전자라면 관계의 거리를 좁혀오는 사람에게 솔직하게 말하자. 전화보다는 문자와 메일 소통, 식사보다는 간단한 커피 한잔이 더 편하다고 말이다.

불편하고 무례한 인간관계 대처법

유형 ③ 예민하고 까칠하게 구는 사람

대처법 예민하고 까칠한 것은 내면에 불안과 걱정이 많아서 그렇다. 이 유형은 그 원인을 유연하게 타당화하고 인정해주면 예민하고 까칠한 면이 누그러진다.

유형 ④ 부탁을 잘하는 의존적인 사람

대처법 사소한 일상 문제부터 진학, 취업, 결혼 같은 인생의 큰 결정까지, 유독 의견을 많이 묻고 부탁을 잘하는 사람이 있다. 하지만 남의 인생에 대해 선택할 권리가 당신에게는 없다. 그러므로 한계를 정해서 도울 것만 돕고, 중요한 문제는 주체적으로 결정하게 놔둔다.

유형 ⑤ 무언가를 계속 요구하는 사람

대처법 상사가 부하인 당신에게 지나치게 요구가 많다면 두 가지 해결책이 있다. '분산'과 '서서히 멀어지기'다. 분산은 상사의 집중된 요구와 관심을 부서원들과 나누는 것이다. 서서히 멀어지기는 완곡한 의사소통 표현으로 관계의 거리를 멀어지게 하는 것이다.

유연하게 대처하고 단호하게 나를 지키다

악의를 품은 무례한 인간관계 유형과 그 대처법은 무엇인가?

유형 ① **교묘한 늑대 같은 사람**

대처법 이 유형은 뒤에서 덤비는 늑대처럼 남의 뒤통수를 잘 친다. 당신을 이용하고 깎아내리며 무시하려 든다. 이 유형을 만났을 때는 초반 대처가 중요하다. 정면으로 똑바로 응시하며 짧고 단호한 말로 대처하자. 그러면 의외로 당황해서 쉽게 물러난다.

유형 ② **압도적인 사자 같은 사람**

대처법 이 유형은 다른 동물의 약점을 파고드는 사자처럼 당신의 약점을 쥐고 흔든다. 남에게 갑질을 하고 괴롭힌다. 이 유형은 자신의 평판, 자리, 이득을 잃는 것을 가장 두려워한다. 당신을 힘들게 한 이 유형의 말을 당당하게 그대로 비추어주라. 또한 계속 그러면 가진 것을 잃게 될 거라고 경고하라.

불편하고 무례한 인간관계 대처법

단호함 속에서 찾아오는
다정한 만남

프롤로그에서 소개했던 지아의 사례를 기억하는가? 회사 내 인간관계에서 무시당하고 억울한 일을 겪으면서도 말을 하지 못했던 30대 직장인 여성 말이다. 나는 상담을 하며 그녀가 자기주장을 하지 못하는 이유가 어린 시절과 관련이 있음을 알게 되었다.

지아는 알코올중독 문제로 직장을 툭하면 그만두고 경제적인 문제를 일으키는 아빠와 심리적으로 유약한 엄마 밑에서 세 자매 중 막내로 자랐다. 아빠와 자주 다투던 맏언니는 고등학교를 졸업할 무렵 어쩐 일인지 아빠처럼 술과 관련된 문제를 일으켰고, 작은언니는 상냥했지만 늘 우울감에 휩싸여 있었다.

가족이 갈등을 빚을 때마다 지아는 분위기 메이커를 자청했다. 다들 지아가 밝고 친절한 아이라고 했다. 공부도 집안일도 열심히 했다. 각종 아르바이트를 섭렵하며 대학 생활을 했고 졸업하자마자 취업했다. 지아는 집안 경제를 책임지며 여전히 사고를 치고 다니는 아빠를 뒷바라지했고, 마음 약한 엄마의 든든한 의지처가 되어주었다.

그런데 성인이 되기까지 지아는 학창 시절에 친구들에게 부당한 괴롭힘을 겪었다. 비슷한 일은 취직해서도 벌어졌다.

입사가 2년 정도 빠른 동갑내기인 박 선임이 문제였다. 박 선임은 본인 업무를 지아에게 떠넘겼다. 앞서 이야기한 대로 며칠 동안 지아 혼자 작성한 보고서는 박 선임이 한 것으로 바뀌어 있기 일쑤였다. 또한 무례한 말을 자주 했고 무시했다. 그런 다음 지아에게 밥도 사주고 커피도 사주면서 "다 지아 씨 잘되라고 하는 말인 거 알죠?"라며 상황을 무마시켰다.

무례한 사람에게 당하기만 했던 그녀가 지키려 했던 것

지아는 너무나 괴로워했고 하루에도 몇 번이나 회사를 그만두고 싶어 했다. 그러나 직장을 그만두면 가정의 경제가 어려워질 것을 걱정했다. 그녀는 자신 안에 있는 책임감이 아주 오래되었다고 했다.

나는 상담 도중 지아의 깊은 내면에 있는 오래된 책임감을 마주하자고 했다.* 그리고 그녀에게 눈을 감고 오래된 책임감에 대해 숙고해보라고 했다. 책임감과 연관되는 색, 책임감과 연관되는 이미지,

에필로그

책임감과 연관되는 목소리 등을 찾아보게 했다.

이 과정에서 지아는 책임감을 검은색으로 표현했다. 그리고 책임감을 거대한 짐으로 묘사했다. 이윽고 그녀는 책임감의 목소리도 마주했다. 그 목소리는 가정을 지켜야 한다는 목소리로 나타났다. 지아에게 나는 물었다. "지킨다는 것이 무엇인가요?" 그러자 이런 대답이 지아의 입에서 나왔다.

"그러니까, 무너져가는 우리 집을 지키지 않으면….."

지아는 말끝을 흐렸다. 내가 "얼마나 그 생각을 했나요?"라고 물어보니 "참 오래되었어요"란다. 이어서 "그동안 어떻게 지냈나요?"라고 질문하자 지아는 "이를 악물고 버텼어요. 항상 명랑하고 좋은 사람이 되려고 애썼고요"라고 했다.

지독한 절망을 잊기 위해 일부러 웃으며 버텼을 지아에게 나는 다시 물었다. "마지막으로 울었던 적이 언제였는지 기억하나요?" 한동안 침묵하던 지아는 갑자기 울음을 터뜨리며 말했다.

"11살 때요. 너무 슬퍼서 펑펑 울었어요."

술에 취해 고성을 지르던 아빠, 아빠와 맞서던 맏언니, 힘없이 죽

---

*   여기부터 심상 작업의 과정이 이루어졌다.

은 듯 있던 엄마, 그리고 어린 내 뒤에 숨어 있던 여린 작은언니. 맏언니와 아빠가 차례로 집을 나가버리자 고요해졌다. 엄마와 작은언니는 몸이 힘든 듯 방으로 들어가 눕고, 지아는 아빠가 던지는 바람에 방바닥에 떨어진 물건들을 치우기 시작했다. 그런데 문득 안에서부터 뜨거운 것이 올라오는 것이 느껴졌다. 눈물이었다.

나는 무너져가는 가정을 지키려고 했던 지아의 삶을 하나씩 되짚어보았다. 그녀는 씩씩한 것이 아니었다. 더욱이 밝은 것도 아니었다. 늘 무언가에 쫓기고 있었다. 아빠가 집안을 완전히 끝장내버릴지 모른다는 두려움, 그렇게 되면 엄마가 죽을지 모른다는 불안이었다.

집안 사정으로 어린 나이에 가장이 된 지아는 밝게 웃고 씩씩하게 행동할 수밖에 없었다. 그리고 지아는 인간관계 안에서 비슷한 패턴을 보였다. 무슨 일이든 다 괜찮은 사람처럼 행동하고 남의 부탁을 거절하는 것을 어려워했다. 지아는 무너지는 가정을 지켜야 한다는 '압박감', 그렇게 못 했을 때 들리던 '비난', 그리고 선한 '관계성'에 메어 있었다. 그것이 그녀의 삶을 옥죄었다.

상담 과정에서 지아는 책임감을 조금씩 덜어내는 연습에 임했다. 씩씩해 보이는 이면에 있는 깊은 슬픔을 마주했고, 그때까지 짐을 지고 살아오느라 애쓴 마음을 위로했으며, 어린 지아를 만났다. 그리고 이렇게 다독였다.

"작은 어깨로 큰 짐을 졌었구나. 많이 무거웠지?"

에필로그

너무 다정했던 사람에서 정말 단단한 사람으로

한 발 더 나아가 지아는 대인관계 안에서 자기주장하는 것을 연습했다. 지아는 무엇보다 거절을 하기 힘들어했기에 특별한 역할극을 수행했다. 역할극에서 나는 박 선임 역할을 맡아 무언가를 부탁했고 지아는 이를 거절했다. 물론 처음에는 거절하는 것을 쉽지 않아 했으나 지아는 서서히 목소리를 냈다.

다음은 퇴근 시간을 배경으로 역할극을 한 내용이다.

박 선임 (퇴근하려는 지아를 부른다.) 지아 씨, 요즘 회사가 좀 익숙해졌나 봐요.

지아 지금도 많이 배우고 있어요.

박 선임 제 말은 이제 좀 편해진 것 같다는 소리예요. 어제 제가 분명히 오늘 오후까지 해달라고 부탁한 보고서가 있는데 또 깜박했나 봐요. 요즘 계속 그러네요.

지아 저는 지금까지 선배가 부탁한 것을 잘 해왔던 것 같은데요.

박 선임 말대답하지 마세요. 지금 이전 걸 말하는 게 아니잖아요. 어제 제가 부탁한 보고서는 다 만들었어요?

지아 부장님이 선배보고 작성하라고 하신 보고서요?

박 선임 (당황해하며) 지아 씨, 우리 팀에서는 각자가 해야 할 일이 따로 있는 게 아니에요. 어찌 되었든 오늘 밤까지 메일로 보내세요.

이후 지아는 이와 비슷한 상황을 실제로 직장에서 겪었다. 박 선임과 대화를 나눌 때 가슴이 콩닥콩닥 뛰었다. 자신을 끈질기게 괴롭혔던 아빠, 친구 등 여러 사람의 모습도 떠올랐다. 그러나 박 선임의 요구에 "네"라고 대답하는 순간 다시 지옥 같은 나날이 이어질 것이 분명했다.

지아는 상담 시간에 수없이 연습했던 장면을 떠올렸다. 그런 다음 단호하게 정면을 응시했다. 박 선임과 시선을 맞추고 나서 한참 전에 마땅히 그녀에게 들려주었어야 하는 목소리를 드디어 냈다.

"박 선배, 분명히 말할게요. 그건 제가 할 일이 아니에요."

이 말에 박 선임은 깜짝 놀라면서 물러섰다. 그리고 지아에게 부당한 부탁을 다시는 하지 않았다. 생각보다 지아를 압박했던 존재는 쉽게, 그리고 금방 사라졌다.

그 뒤로도 지아는 단호하게 자신을 지키는 법을 계속 배웠다. 그리고 자신을 돌보는 시간을 가졌다. 좋지 않은 관계에서 벗어나자, 회사 내에서도 좋은 관계를 만들 수 있었다. 서서히 자신의 삶을 잘 챙겨나가며 그녀는 다시 일어났다.

단호함은 공격이 아니라 최소한의 방어다. 다정함과 단호함을 적절히 갖추면 인간관계의 여러 상황에 대해 현명하게 대처할 힘이 생긴다.

세상에는 다정하게 대할 사람이 있고, 단호하게 대할 사람이 있다. 전자가 훨씬 많은 것이 사실이나 후자도 분명 존재한다. 살아가며 단호하게 대할 사람과 꼬인 관계를 맺다 보면 너무 상처를 받은 나머지 인간관계 자체에 질려버릴 수 있다. 그럴 때 이 점을 기억하라. 당신 탓이 아니다. 당신의 울타리를 침입한 사람이 잘못이다.

어둠을 벗어나려는 당신을 응원하며

언젠가 나는 길을 걷다가 폐자재들이 나무를 뒤덮고 있는 모습을 보았다. 한창 성장 중인 나무는 폐자재들 탓에 비틀리며 자라 마치 엉겅퀴 같았다. 나무가 어쩐지 안쓰러웠다. 나는 온 힘을 다해 폐자재들을 치웠다. 그리고 몇 년이 지난 뒤 우연히 그 길을 걷다 그 나무를 다시 보았다. 나무는 언제 그랬냐는 듯 키가 훌쩍 커 있었다. 잎은 무척 푸르렀고 꽃은 아름다웠다.

당신이 무례한 사람으로부터 비난받고 힘들어하는 것은 마치 나무가 폐자재에 눌려 엉망이 된 모습으로 겨우 생존하던 것과 같다. 이 책에서 함께 공부했듯 무례한 사람에게 유연하면서도 단호하게 잘 대처한다면 당신도 한층 자라난 나무처럼 반드시 거듭날 수 있다.

그리고 모든 사람이 당신를 괴롭혔던 사람과 같지 않다는 점도 깨닫게 될 것이다. 우리 사회에는 당신의 진정한 가능성과 잠재력을 발

◆

다 죽어가던 나무를 누르고 있던 폐자재를 치워주자
언제 그랬냐는 듯 나무는 생생하게 살아났다.
우리도 분명 그렇게 될 수 있다.
작품 및 작가 정보: 〈Apple Tree in Blossom〉,
William Stott of Oldham(English, 1857–1900).

에필로그

견해줄 사람이 많다. 그들이야말로 당신의 울타리 안으로 초대해야 한다. 맛있는 것을 나누고, 늦게까지 담소를 나누며, 미래를 함께 그려보자. 깊은 관계는 가장 큰 치유다. 아무리 힘든 상황에 있고 괴로워도 사람에 대한 희망을 잃지 말자.

인간관계 문제로 인해 너무 힘들 때는 무조건 그 안에서 해결하려고 하지 말고 한 발자국 뒤로 물러서라. 시야를 넓게 확보하고 곁에 있는 다정한 사람들을 바라보기 바란다. 나쁜 인간관계 탓에 상처받았다면 반대로 좋은 인간관계에서 위로받고 치유되길 소망한다.

다시 한번 어둠을 벗어나려는 당신을 응원한다. 그 어둠은 곧 지나갈 테고 분명히 밝은 빛이 찾아올 것이다.

무례한 사람을 다루는 법

초판 1쇄 발행 2023년 6월 20일

지은이 이헌주
펴낸이 박성인

기획 김멜리띠나
편집 눈씨
디자인 디자인안녕
경영관리 김일환

펴낸곳 허들링북스
출판등록 2020년 3월 27일 제2020-000036호
주소 서울시 강서구 공항대로 219, 3층 309-1호(마곡동, 센테니아)
전화 02-2668-9692 │ **팩스** 02-2668-9693
이메일 contents@huddlingbooks.com

ISBN 979-11-91505-31-3 (03190)